Stefanie Götzinger

Sinnvoller Zeitverlust

INNSALZ

Stefanie Goetzinger
Sinnvoller Zeitverlust
Verlag INNSALZ, Munderfing 2017
Gesamtherstellung & Druck:
Aumayer Druck + Verlag Ges.m.b.H. & Co KG, Munderfing
Printed in The European Union
ISBN: 978-3-903154-27-8
www.innsalz.eu

STEFANIE GÖTZINGER

SINN
VOLLE R
ZEIT
VERLUST

INNSALZ

Warum gibt es keine Flatrate für die Liebe?

Wieder einmal sitze ich mit einem unbekannten Mann in einem Café. Warum musstest du ihm auch deine Telefonnummer geben, wo du doch genau weißt, dass du dich nach einigen Minuten ‚Smalltalk' langweilst, hadere ich mit mir. Wenigstens kann ich mein Selbstmitleid für kurze Zeit vergessen. Diese Verabredungen häufen sich in letzter Zeit und einzig positiv daran ist, dass ich abgelenkt bin. Gibt es da noch jemanden, mit dem ich ein vernünftiges Gespräch führen kann? Wahrscheinlich liegt es an meiner Definition von Vernunft. Vielleicht bin ich aber auch einfach nur zu anspruchsvoll. Ziehe ich immer das Gegenteil von dem an, was ich will? Und was will ich eigentlich? Einen unabhängigen, intelligenten, reichen, gutaussehenden, liebevollen, Kinder liebenden Mann? Das könnte ich ewig so weiterspinnen. Aber es ist eben nur eine Spinnerei und verdammt realitätsfern. Außerdem: Sollte ich nicht nur das fordern, was ich auch selber bieten kann? Was kann ich schon großartig bieten? Unabhängigkeit, Intelligenz und gutes Aussehen? So unabhängig bin ich nicht, oder warum mache ich mich gerade äußerst abhängig von meinen Gedanken? Gutes Aussehen ist Gott sei Dank Geschmackssache, und wer weiß, möglicherweise treffe ich den einen oder anderen Geschmack. Da mir in letzter Zeit sogar mein Hintern gefällt, nachdem ich einige Kummerkilos verloren habe, bin ich voll Hoffnung. Das ist aber leider auch schon der einzige positive Nebeneffekt meiner letzten Trennung. Auch der Verdrängungsmodus funktioniert langsam nicht mehr. Ich muss mich mit meiner Situation endlich abfinden. Moment mal. Geht das überhaupt so schnell? Wie soll ich mich denn damit abfinden, wenn ich mich noch nicht einmal damit auseinandergesetzt habe? Wie kommt es bloß zu dieser erneuten schmerzhaften Trennung in meinem Leben? Liegt das Problem etwa doch bei mir? Warum brauche ich das Gefühl so oft? Warum muss es immer wiederkehren? Woher kommen diese unerklärlichen Emotionen, mit denen ich alles mühevoll Aufgebaute wieder zunichtemache?

„Kann ich etwas für dich tun?" Ich tauche verheult und benommen aus meinen Gedanken auf.

„Hmmm, wäre er doch gestorben, dann hätte ich jetzt weniger Sorgen."

„Lia, du bist wirklich seltsam. Dann würdest du doch genauso trauern, oder?"

„Ja, schon, aber eine Trennung ist noch viel schlimmer, denn sie ist nicht endgültig. Er ist ja offiziell noch da, nur ich darf ihn nicht mehr sehen, nicht mehr anfassen, nicht mehr für ihn da sein. Wenn er tot wäre, dann käme auch kein Gedanke, ihn unbedingt noch erreichen oder zurückhaben zu wollen."

„Du spinnst doch. Hör endlich auf, dich selbst zu bemitleiden. Das hilft dir nicht weiter."

„Ich habe ein Recht darauf, zu trauern!"

„Natürlich hast du das, aber nicht monatelang!" Meine Wohnungstür fällt ins Schloss, und ich lausche Margrets

Schritten hinterher. Na super! Jetzt hat mich auch noch meine beste Freundin verlassen. Das Leben ist so ungerecht.

Die Umschreibung ‚es wird einem das Herz herausgerissen' ist da noch milde formuliert. Wochenlang fühle ich den Schmerz in meiner Brust, als sei ein Fremdkörper implantiert worden, den mein Körper nun abzustoßen versucht. Nach weiteren Tagen in Embryostellung im Bett führt mich mein Weg in den nächsten Esoterikladen. Nachdem ich diesen halb leer gekauft habe, ist nicht nur mein Herz gebrochen, sondern auch noch meine Geldtasche leer. Alle Heilpraktiker und sonstigen Heiler können mir nicht helfen. Das ist nur ein weiterer Aufschub für die Herausforderung, mich meinen Problemen zu stellen. Es gibt immer noch Tage, an denen ich nicht einmal aufstehen kann. Die ganze Energie, die ich in meinen ‚Plan des Glücks' stecke, scheint mit einem Mal geplatzt zu sein. Ich komme mir vor wie ein unbedeutendes ‚Etwas', wie ein ‚Häufchen Elend' am Boden, der mir auch noch unter den Füßen weggerissen wird. Aber ist es nicht beschämend genug, meinen Glücksplan von einer anderen Person abhängig zu machen? Da ist sie wieder, diese Abhängigkeit. Ich bin alles andere als unabhängig. Die weisen Sprüche meines Umfelds geben mir den Rest. Ich bin gezwungen, mich mit mir selbst auseinanderzusetzen. In Wirklichkeit ist der Bruch doch auch eine Chance, mich neu zu orientieren. Eine Möglichkeit, die notwendige Kraft zu tanken für eigene Wege und Ziele. Wege ohne Mann an meiner Seite. Ich höre heute noch die negativen Stimmen bezüglich des männlichen Geschlechts. Lange Zeit wollte ich Scheidungsanwältin werden, um den Frauen letztlich alles zuzusprechen. Es wundert mich, wie ich trotzdem jahrelang gut mit einem Mann auskommen konnte. Ist es vielleicht sogar möglich, mit einem solchen Exemplar glücklich zu werden, oder werde ich noch zu einer Männer hassenden Verrückten? Ich denke jedenfalls nicht, dass ich mit einem Partner meine eigenen Ziele verwirklichen kann, aber die Frage stellt sich momentan sowieso nicht. Jetzt muss ich erst einmal alleine klarkommen.

Wie kann ich nur herausfinden, warum sich dieselben Vorgänge in meinem Leben immer und immer wieder wiederholen? Ich muss sie doch irgendwie vermeiden können. Aber wo ist da der Anfang und wo das Ende? Margret zerrt mich ins Auto, um noch die wichtigsten Dinge aus der Wohnung, in der ich mit meinem Exfreund gewohnt habe, zu holen.

„Jetzt ganz ruhig bleiben. Du holst dein Zeug, und dann sind wir wieder weg."

„Er ist sowieso nicht da", jammere ich.

„Warum musst du das auch unbedingt an den Feiertagen erledigen?"

„Feiertage hin oder her, für mich ist jeder Tag beschissen. Kuschelige Feiertage können mir gestohlen bleiben." Margret verdreht die Augen und sperrt die Wohnungstür auf.

„Komm, wir holen schnell die Sachen. Warum hat er sie denn nicht gleich vor die Tür gestellt? Wolltest du nicht ohnehin nur deine wichtigsten Unterlagen mitnehmen?", fragt Margret. „Klar, der Rest kann mir gestohlen bleiben. Ich möchte nichts mehr, was mich an ihn erinnert."

„Scheiße, Lia, sind das hier noch deine Klamotten und deine Zahnbürste?"

„Nein, verdammt. Ich glaube, seine Neue ist schon eingezogen. Das ging ja schnell. Ich bekomme gleich einen Anfall! Er hätte doch wenigstens heute die Sachen wegräumen können. Vielleicht hat er es auch mit Absicht hiergelassen."

Bevor ich noch ohnmächtig werde, packe ich schnell alles in eine Kiste und wir fahren los.

„Jetzt ist es vorbei. Vielleicht hilft es dir, endlich damit abzuschließen."

„Mir ist schlecht. Ich könnte kotzen. Fehlt nur noch, dass ich heute auch noch die alten Fotobücher hervorkrame und mich in den Schlaf weine."

„Ich komme morgen wieder vorbei. Schlaf gut, Lia."

Am Morgen danach öffne ich Margret die Tür, und sie muss mein verheultes Gesicht erneut ertragen.

„Du hast aber auch ein Händchen zur Selbstkasteiung. Hast du tatsächlich alle alten Fotobücher hervorgekramt? Komm, wir räumen jetzt den Krempel in den Keller. Alles, was dich irgendwie an ihn oder euch erinnert, wird sofort weggeräumt." „Hast du gesehen, wie sauber seine Wohnung ist? Putzt ihm diese Tussi da etwa auch hinterher, oder schafft er es auf einmal doch selbst?! Was neue Partnerinnen nicht alles bewirken können." „Ich wollte es dir eigentlich nicht sagen, aber er hat mich heute angerufen."

„Was! Warum? Wann?" „Na ja, er weiß ja, dass ich viele Kontakte habe, wegen Wohnungen und so." „Ja, und?"

„Er möchte die Wohnung vermieten, weil er sich beruflich verändert und umzieht."

„Wohin? Mit ihr?" „Ja, mit ihr, aber Genaueres weiß ich nicht."

„Wie sieht er aus? Hat er sich die Haare schneiden lassen?"

„Keine Ahnung, wir haben nur telefoniert." „Typisch, alles ist möglich, jetzt, wo er nicht mehr mit mir zusammen ist. Als ich umziehen oder mich beruflich verändern wollte, fand er sämtliche Ausreden, warum das gerade jetzt nicht in Frage komme. Als ich sagte, dass er einen anderen Job brauche, hörte ich nur, so einfach sei das nicht. Toll, jetzt ist alles möglich. Warum war das bei mir nie so?"

„Ach, Lia, jetzt hör doch endlich mit diesen Spinnereien auf."

„Ich habe einfach keine Lust mehr, Margret. Ich will nicht jemandem ‚helfen' endlich aufzuwachen und mutig Neues zu wagen und dann verlassen werden. Mein nächster Partner soll sich selbst entwickeln, oder noch besser, sich schon entwickelt haben, sodass ich nicht mehr ‚helfen' muss."

„Du willst dir doch auch nicht ‚helfen' lassen, sondern so angenommen werden, wie du bist. Also lass die Männer so, wie sie sind. Wir gehen heute noch aus. Ich hole dich später ab, bevor du noch weiter in Selbstmitleid versinkst." „So verheult stelle ich mich in keine Bar!" „In der Dunkelheit sieht dich sowieso niemand. Komm schon, ich brauche mal wieder etwas Spaß." „Schön, dass du das auch noch lustig findest!" „Nein, aber ein paar neue Bekanntschaften tun dir gut."

Es dauert nicht lange und die ersten Typen tanzen an. Allerdings sehr junge Typen. Was soll das? Na ja, für die Stärkung des Selbstwerts kann ich mich ein wenig mit ihnen abgeben. Es dauert sicher nicht lang. Auch der morgige Tag ist gerettet, denn ich muss meinen Kater ausschlafen und darf den ganzen Tag im Bett liegen bleiben. Schließlich habe ich einen Grund dafür. Ich verschlafe einfach die berühmten Trennungsphasen, von denen alle Beziehungsratgeber sprechen. Ich bin definitiv bereits in der ‚Wutphase' angekommen. Am liebsten würde ich meinen Exfreund überfahren. Wann komme ich endlich ins nächste Zeitfenster? Ich möchte nicht wütend sein.

Zeitfenster

Vor einigen Monaten verging die Zeit noch viel zu schnell. Jetzt kann ich die einzelnen Zeitfenster gar nicht schnell genug hinter mich bringen. Geduld ist nicht meine Stärke, und jetzt muss ich auch noch ein weiteres Zeitfenster einschieben. Das der Vergangenheitsbewältigung. Das passt gar nicht zu meinem momentanen Lebe-in-der-Gegenwart-Motto. Für einen ungeduldigen Menschen kann die Aufarbeitung der Vergangenheit ganz schön langwierig sein. Womit fange ich da bloß an? Bei meiner ersten Beziehung? Der ersten großen Liebe? Bei der Scheidung meiner Eltern?

Ich befinde mich nicht umsonst wieder in einem tiefen Loch. Aber ich kann mich an so vieles in meiner Vergangenheit überhaupt nicht mehr erinnern. Mühsame Rückführungen oder Psychoanalysen nehmen viel zu viel Zeit in Anspruch. Ein weiterer Zeitverlust kommt nicht in Frage. Da kümmere ich mich lieber um die Zeitfenster, in denen ich mich befinde. Der Schmerz ist immer noch da, aber ich bin definitiv über das Zeitfenster ‚Es nicht wahrhaben zu wollen' hinaus. Leider hält mich das Zeitfenster ‚Wut' noch immer fest umfangen. Ich bin wütend wie noch nie. Da besitzt der Wichtigtuer auch noch die Frechheit, mir vorzuschreiben, wie ich mich ihm und seiner Neuen gegenüber verhalten soll. Das kann ich selbst entscheiden.

Ich bin alt genug und will ohnehin nichts davon wissen. Gerade als ich mir vorstelle innerlich meine Zeitfenster zu bearbeiten, kommt der nächste Schlag ins Gesicht, der mich wieder auf den Boden der Tatsachen holt. Margret und ich gehen einkaufen und im letzten Moment, auf dem Weg zur Kasse, treffe ich meinen Ex Hand in Hand mit seiner Neuen. Da ist er wieder, dieser grausame Schmerz in der Brust und der Stich mitten ins Herz. „Durchatmen. Jetzt hast du es schwarz auf weiß. Du musst es also wahrhaben wollen, Lia. Lenk dich ab. Zur Überbrückung hast du doch ein paar Verehrer."

„Leider, denn kaum hat sich herumgesprochen, dass ich wieder zu haben bin, klopfen alle möglichen Typen bei mir an. Aber das ist alles Müll, die will ich nicht. Wenigstens meine Freunde könnten so respektvoll sein und meine Kontaktdaten für sich behalten."

„Das tut deinem Selbstvertrauen gut, und wenn es dir besser geht, kannst du sie immer noch zum Teufel jagen. Außerdem würde ich den ein oder anderen nicht von der Bettkante stoßen." „Du hast recht, wenigstens werde ich noch begehrt. Zwar von den Falschen, aber dafür bin ich abgelenkt." „Gibt es den Typen mit den Tierbildern noch?"

„Ja, der glaubt auch, dass Frauen, wenn er ihnen Bilder von süßen Katzen und Kommentare dazu schickt, mit ihm in die Kiste springen." „Aber die Katzenbilder waren wirklich süß." „Ich mag keine Katzen, und blöde Kommentare mag ich auch nicht." „Du magst momentan überhaupt nichts, Lia. Ganz egal, was der Typ macht." „Nein, da liegst du falsch. Ich wünsche mir nur etwas mehr Originalität."

Die Vergangenheit

Sämtliche Erinnerungen kommen in mir hoch. Ich entdecke die Muster, welche sich durch mein Leben ziehen. Mittlerweile habe ich beschlossen, die Scheidung meiner Eltern gedanklich einzubeziehen, aber mich vorerst nicht damit abzumühen. Wenn jedes Scheidungskind beziehungsunfähig wäre, dann gäbe es nur noch wenige Beziehungen. Da fällt mir ein, dass ich in meiner Vergangenheit schon unzählige Fluchtgedanken wälzte. Ich denke gerade jetzt wieder darüber nach, diesem Kontinent den Rücken zu kehren. Wie oft in meiner Vergangenheit war das schon der Fall? Für einige Wochen, Monate, am liebsten Jahre abzutauchen. Wohin? Ganz egal. Auch wenn alles perfekt ist, flüchte ich gern. Schon während meiner ersten langen Reise war ich in einer Partnerschaft. Ich musste mir auch ein ‚Landei‘ als Partner suchen. Natürlich hat jemand, der nichts weiter als Saufurlaube mit seinen Freunden im Kopf hat, keine Ahnung von der großen weiten Welt. Dass er also nicht gerade erfreut von meinen Plänen war, hätte ich mir gleich denken können. Unbeirrt davon, machte ich mich damals auf den Weg. Da war sie zum ersten Mal, diese ‚Leere‘ in mir, die ich glaubte, woanders füllen zu können. Und so beginnt auch meine eigentliche Geschichte. Dummerweise hat sie einen Haken. Ich glaube immer an ein Beziehungscomeback. Meine Partner nicht. So vielversprechend meine Reise auch meist beginnt, so tragisch endet sie. Anfangs schicken wir uns Briefe, berichten von alltäglichen Erfahrungen und sind davon überzeugt, dass es auch nach der Auslandszeit eine Zukunft gibt. Doch dann erfahre ich, dass sich die Männer ihre Zukunft bereits anders gestaltet haben. Mit einem billigen Abklatsch oder einer „Ersatzlia". Obwohl ich bis zu einem gewissen Grad sogar Verständnis dafür aufbringe, da ich ja diejenige bin, die wegläuft. Trotzdem kann ich es nicht vergessen, und so bleibt ein fader Beigeschmack, der einfach nicht verschwinden will.

Nach meiner ersten großen Verletzung wünschte ich mir einen Mann, der mich besser behandelte. Dieser neue Mann ließ nicht lange auf sich warten. Nicht einmal am Arbeitsplatz war ich sicher. Dort passierte es. Ich konnte nicht oft genug in seiner Nähe sein. Er war gebildet und hatte schon mehr gesehen als den Hausmeisterstrand in Italien. Die ersten Jahre waren perfekt. Ich gefiel ihm, egal wie ich mich angezogen oder benommen habe. So manche Peinlichkeiten fand er süß. Das will was heißen. Aber schon bald stand auch diese Beziehung auf der Probe. Ich begann nach etwas zu suchen, das ich mir selbst nicht erklären konnte. Kurz gesagt: Ich wollte wieder weg. Nichts konnte mich halten. Ich wollte diesmal alles richtig machen und beweisen, dass, wenn er der Richtige ist, auch die räumliche Distanz nichts ausmachen darf.

Wir schienen es wirklich zu schaffen. Zumindest sah es anfangs danach aus. Aber schon nach einigen Monaten hielt die Beziehung den vielen Diskussionen, die oft mit dem Ausland zu tun hatten, nicht stand. Hier bin ich nun, am Höhepunkt meines tristen Lebens angelangt, auf einer weiteren Reise. Nur diesmal nicht in ein fernes Land, sondern auf der Reise zu mir selbst. Vielleicht brauche ich diese Erfahrung. Die Ungewissheit, welche ich schon als Teenager anpeilte, um jetzt, in meinen besten Jahren, wieder von ihr eingeholt zu werden.

Neues Jahr, neues Glück

Ich höre wieder Stimmen in meinem Kopf. „Du bist doch schon zu alt, um wieder jemanden zu finden. Die Ersten lassen sich bereits wieder scheiden oder sind vergeben. Wie konntest du dich nur trennen? Du hattest doch alles."

Das dachte ich auch, aber warum kam es dann so weit? Ich hatte und habe doch keine Wahl, oder soll ich etwa noch weiterkämpfen?

„Margret, ich habe nie um diese Liebe gekämpft."

„Hmm, vielleicht weil es keine Liebe war oder ist."

„Was ist es dann? Warum tut mir dann alles weh? Dieser Schmerz muss doch Liebe sein?" „Ich weiß auch nicht, Lia. Vielleicht bist du einfach nur so verletzt, weil er eine Neue hat. Ihr wart doch sehr lange ein Paar. Die Gewohnheit solltest du nicht unterschätzen."

„Ich muss wissen, ob ich ihn liebe oder ob es nur verletzter Stolz ist. Wie finde ich das heraus, Margret?" „Ich denke, das hast du schon, indem du nicht um ihn gekämpft hast. Du weißt, ich bin immer für dich da, aber fang endlich an, ihn zu vergessen." „Warum soll ich auch um jemanden kämpfen, der mich nicht mehr so liebt, wie ich bin, und noch dazu so schnell einen Ersatz findet?" „Wenn man sich so schnell einen Ersatz sucht und diesen auch findet, treten die gleichen Probleme doch wieder auf, die schon in der vorherigen Beziehung aufgetreten sind, oder?" „Soll mich das jetzt beruhigen? Ihre Probleme interessieren mich absolut nicht. Ich habe schließlich selber genug davon."

Meine Gedanken kreisen schon wieder. „Komm, Lia, wir gehen heute ins Kino. Der Film könnte interessant für dich sein. Der Filmtitel ‚Jesus liebt mich' klingt doch vielversprechend. Genau richtig zur momentanen Gemütslage. Es geht ums Loslassen. Lasse los, was du lieb hast, damit es sich entwickeln kann." „Es ist mir scheißegal, wie sich das Losgelassene entwickelt. Ich muss mich entwickeln, und zwar in eine positive Richtung." Den ersten Schritt mache ich, indem ich meine Pläne einmal nicht von den Anderen abhängig mache. Wie viele Jahre habe ich mir den Kopf zerbrochen, wie ich meinen Geburtstag feiern soll, um dann am besagten Tag doch wieder keinen Plan zu haben. Während des ganzen Jahres bekomme ich diverse Freunde nicht zu Gesicht, aber an dem Tag sind auf einmal alle da. Dieses Jahr gibt es keine Pläne und auch keine Grübeleien. Ich arbeite. So habe ich eine gute Ausrede und meinen Frieden. Margret kommt auch während der Arbeit vorbei, wenn es sein muss, außerdem will ich das Alte loslassen; und dafür brauche ich keine Hilfe. Ich habe zwischenzeitlich eine zweite ‚beste Freundin' an meiner Seite, meine Heilerin. Ihren wertvollen Rat setze ich gleich in die Tat um. Das Alte loslassen. Ich schreibe Positives und Negatives aus dem vergangenen Jahr auf. Blöderweise fällt mir gerade nichts Positives ein. So fang ich eben mit dem Negativen an und verbrenne es gleich anschließend. Danach stelle ich mir einen Rucksack vor, welchen ich mit meinem ganzen Ballast vollstopfe. Den werfe ich in den Bach vor meiner Wohnung. Ein Neustart in jeglicher Hinsicht, wenn auch nur in meiner Vorstellung. Das neue Jahr kann kommen und besser werden, dafür werde ich sorgen. Einen Vorteil hat das neue Jahr schon. Ich bin bei meinen Freundinnen gerade sehr beliebt. Ist es Mitleid oder sind sie einfach nur froh, gerade nicht in der gleichen Lage zu sein? Wissen doch fast alle, wie beschissen Herzschmerz sein kann. Sie schreiben Karten und kümmern sich vorbildlich um mich. Für den nächsten Tag habe ich jedoch einen Termin bei einem Psychologen ausgemacht. Das kann spannend werden.

Ein besonderer Termin

Nur, wer loslassen kann, hat Chancen auf Weiterentwicklung. Diesen Satz sage ich mir jeden Tag vor und hoffe, dass es was bringt. Alles andere wäre doch egoistisch, oder? Mir selbst gegenüber zumindest schon. Ich fange an, meine neuen Ansichten zu mögen und sie, meistens jedenfalls, ernst zu nehmen. Vielleicht kann ich mich sogar auf mein neues Leben ein wenig freuen. Ist es doch wie ein Pokerspiel, bei dem alle Einsätze ein Gewinn sein können, denn verloren habe ich sowieso schon alles. Meine esoterischen Schätze beginnen langsam Früchte zu tragen. So einige meiner ,Freunde' glauben allerdings auch, dass ich langsam anfange, nicht mehr richtig zu ticken. Sie müssen mich ja nicht begleiten, wenn sie nicht wollen. Dann ist es wieder einmal nötig, ein paar ,Freunde' auszurangieren. Etwas, das ich momentan sehr gerne mache: alles ausrangieren und verschenken, was mich an alte Zeiten erinnert. In der Gesellschaft mancher Menschen fühle ich mich einfach nicht mehr wohl. Wenn da das Ausrangieren nur auch so einfach wäre… Endlich ist der Termin beim Psychologen. Schon am Telefon ist mir die beruhigende Stimme aufgefallen. Ich habe mich für einen Mann entschieden, um auch einmal die männliche Sichtweise zu meiner derzeitigen Situation zu erfahren. Eine neutrale Sichtweise. Das Gespräch zieht sich in die Länge.

„Warum sind Sie eigentlich hier?" Ich wusste, dass diese Frage kommen würde, aber eine konkrete Antwort darauf habe ich nicht. Um mich besser zu fühlen? Lösungen für alle meine Probleme zu erhalten? Dass das zu einfach ist, ist mir klar. Ich beginne zu erzählen und berichte vom letzten unangenehmen Erlebnis. Der Psychologe antwortet jeweils mit ‚interessant'. Ist das sein Lieblingswort? Bin ich so interessant? Für einen Psychologen muss es doch ganz normal sein, ein solches Gegenüber zu betreuen. Trotzdem scheine ich für ihn interessant zu sein. „Sie haben also die Trennung vereinbart, sich aber trotzdem noch mit Ihrem damaligen Partner getroffen? Weist dies nicht auf eine Konfliktsituation hin?" Was meint er damit? Welche Konfliktsituation? „Wie meinen Sie das?" „Nun, wenn Sie eigentlich eine Auszeit oder Trennung vereinbaren, sich aber dennoch immer wieder mit Ihrem ehemaligen Partner treffen, dann sind Sie in einer Konfliktsituation." Das finde jetzt ich interessant. Warum sollte ich in einem Konflikt sein? „Gibt es da auch eine einfachere Erklärung?" „Sie sind im Konflikt mit sich selbst. Sie treffen eine Entscheidung, aber halten sich danach nicht daran, also stehen Sie in einem Konflikt mit sich selbst." Darüber habe ich so noch nicht nachgedacht: Ich halte mich nicht an meine eigenen Entschlüsse und betrüge mich dadurch selbst. Eine ganz neue Erkenntnis! „Sie haben recht, ich bin nicht von meinen Entscheidungen überzeugt und belüge mich selbst." Ich habe eine Wahl. Gegen Beschlüsse kann man vorgehen, wenn man will. Als Kind hatte ich diese Wahl noch nicht, beispielsweise bei der Scheidung meiner Eltern. Zumindest konnte ich es nicht beeinflussen. Ich wurde verlassen. Ganz egal, ob ich wollte oder nicht. Die erste Therapiestunde ist vorbei und er meint, es seien weitere Sitzungen nötig, um weitere Episoden meines Lebens aufzuklären. Da er mir aber außerdem noch weismachen will, dass ich Monate brauche, um aus dieser Krise wieder herauszukommen, und es auch Medikamente gegen Depressionen gebe, die es mir leichter machen würden, ist das Thema ‚psychologische Hilfe' untendurch. Fremdhilfe gern, aber monatelang? Nein danke.

Im stillen Gedenken

Das mit dem Loslassen ist ein guter Vorsatz, aber ich schaffe es nicht, ihn umzusetzen. Ich brauche weitere Rituale zur Erleichterung. Das meint auch meine Heilerin, mit der ich immer noch regelmäßig in Kontakt stehe. Ich darf sie jederzeit anrufen. Das ist schon etwas Besonderes in unserer Zeit, auch wenn dies bei ihr wahrscheinlich jeder darf. Die Arme wird inzwischen fast täglich von mir in Anspruch genommen. Welches Ritual? Ich mache alles, um endlich frei zu sein. Mit einer Kerze und einem lila Band bewaffnet, laufe ich in den Wald und stelle mir das Gesicht meines Exfreundes vor. Dann schneide ich das Band durch und blase die Kerze aus. Das soll nun helfen? Möglicherweise erkenne ich es nur noch nicht, aber langfristig gesehen wird es vielleicht etwas bringen. Weitaus hilfreicher ist mir jedoch, dass ich mit voller Wucht gegen die nächste Mülltonne trete. Meine Wut nimmt mittlerweile ganz neue Dimensionen an. Die Tatsache, allein zu sein, ist nicht mehr das Schlimme, sondern viel schlimmer ist, dass ich so schnell ersetzt werden konnte. Für mich gibt es nun einmal keinen Ersatz. Deshalb soll er auch für immer Junggeselle bleiben oder eben zumindest eine längere Zeitspanne vergehen lassen, bis er sich wieder bindet! Das kratzt an meinem Ego.

Selbstfindung

Allmählich kommt wieder Lebensmut auf und lässt mich Neues und Interessantes kennenlernen. In einer Beziehung wäre dies unmöglich gewesen. Zumindest in der letzten. Mir wird schon etwas klarer, warum vieles so gekommen ist. Es gelingt mir besser, mich wieder so zu akzeptieren, wie ich bin. Ich allein trage die Verantwortung für mein Handeln und seit ich diese Erkenntnis positiver bewerte, fühle ich mich auch so. Der neu gefasste Optimismus trägt erste Früchte in einem freiwilligen Engagement. „Du kannst deshalb nicht die Welt retten, Lia." „Margret, wie oft habe ich diesen Satz schon gehört. Das ist auch nicht mein Ziel, aber ich kann meinen Teil dazu beitragen, anstatt wie die meisten Menschen bloß stur den Alltag zu bewältigen." „Was soll das heißen?" „Nichts gegen dich, Margret, aber neues Jahr bedeutet auch neues Glück und Glück bedeutet auch, Gutes zu tun." Mein Geburtstag ist ein voller Erfolg. Ich arbeite bei einer gemeinnützigen Veranstaltung. Der Altersdurchschnitt meiner Arbeitskollegen ist fünfzig aufwärts, oder zwanzig abwärts. Kein potenzieller neuer Partner in Reichweite. Dafür habe ich viel Spaß. Für meine älteren Arbeitskollegen bin ich ein Highlight und auch die Jüngeren sind nicht abgeneigt. Meistens freue ich mich über mein jugendliches Aussehen. Aber in diesem Fall ist es hinderlich, den passenden

Partner kennenzulernen. Ich will nur ungern die beste Freundin seiner Mutter werden. Irgendwo da draußen wird doch auch jemand in meinem Alter sein, oder? Ich entscheide mich, ein Wochenende bei Margret zu verbringen, um wieder mal in einem neuen Club abzutanzen. Der Club hält, was er verspricht, und ich kann einige Stunden ganz ungezwungen das Tanzbein schwingen. Bis ein halbstarkes Wesen sich zu mir gesellt. „Was machst du hier so?" „Nach was sieht es denn aus?" „Wie alt ist denn der?", ist die erste Frage von Margret.

Eindeutig zu jung, aber er spendiert einige Runden. „Die Getränke sind sowieso zu teuer für meinen Geschmack. Da kann ich mir das Gelaber schon einmal anhören. Außerdem muss ich in Übung bleiben." Unter Alkoholeinfluss ist allerdings nichts mehr peinlich, und da kommt es schon vor, dass ich viel Blödsinn rede. Offensichtlich bin ich nicht peinlich genug, da der junge Mann mich den ganzen Abend nicht aus den Augen lässt. Eigentlich will ich keinen so attraktiven Mann haben, da, wie es so schön heißt, der einem nie alleine gehört. Die meisten Männer nehmen es mit der Treue nicht mehr so ernst. Zumindest wird mir das immer bewusster, seit ich Single bin. Ich lebe wohl noch in einer perfekten Scheinwelt und denke nicht daran, dass da draußen so viele Idioten herumrennen. Nach einigen Stunden entschließen Margret und ich uns, den nächsten Imbiss aufzusuchen. Wenigstens ist mein Magen danach gesättigt, wenn auch mein Herz leer ist.

Offen für Neues

Mittlerweile habe ich eingesehen, dass ich meine letzte Beziehung zum Teil nicht für mich, sondern für mein Umfeld gelebt habe. Meine Eltern sind nicht gerade Vorbild für eine Beziehung. Genau nach diesem perfekten Bild sehne ich mich aber immer. Vielleicht ist das mein Problem. Schon als Schulkind war ich lieber bei meinen Schulkameradinnen als daheim. Meine Freundinnen hatten meiner Ansicht nach ein richtiges Zuhause. Da gab es einen Vater und eine Mutter, die sich gernhatten. Mit den Geschwistern noch dazu war die Familie komplett, und ich fühlte mich fast schon wie ein Teil davon. Aber eben nur ein Teil. Später würde ich eine eigene Familie haben und mittendrin sein. Dass ich nun jedoch in meinem fortgeschrittenen Alter wieder ohne Mann und Familie dastehe, hätte ich damals nicht geglaubt. Was war nur passiert? Vielleicht war es einfach nicht der Richtige? Na ja, für mein Umfeld war er es schon. Alle mochten ihn und es wäre ein Segen gewesen, wenn wir endlich ein Häuschen gebaut und Kinder bekommen hätten. Außerdem machen es alle anderen in meinem Freundeskreis geradeso. Sie bauen und bekommen Kinder oder sie ziehen zusammen und bekommen Kinder oder sie heiraten und bekommen später Kinder. Hauptsache, du bekommst Kinder. Aber hätte ich deshalb mit ihm zusammenbleiben und eine

Familie gründen sollen? Hätte dies alle Probleme gelöst? Wie kann ich überhaupt schon wieder darüber nachdenken, es überhaupt in Erwägung ziehen? Ich führe also meine Beziehungen für mein Umfeld und nicht für mich. Meine Heilerin meint auch, dass ich einen Plan B brauche. Nicht jede Frau ist für eine Langzeitbeziehung geschaffen, oder sie findet im gebärfreudigen Alter einfach nicht den Richtigen. Wenn ich einmal über vierzig bin, ist es fast zu spät. Laut ihr gebe es allerdings genügend Frauen, die sich einen Mann suchen, der halbwegs passt, und dann wenigstens ihr Kind haben, wenn auch den Mann nicht mehr. Andere konzentrieren sich auf ihre Karriere und halten nicht am Beziehungsideal fest. Auf alle Fälle müsste man eine Entscheidung treffen und sich damit abfinden, oder danach handeln. Da wären wir mal wieder beim Thema Entscheidungen. Möglicherweise hat sie recht. Wofür soll ich mich entscheiden? Ich kann nicht wissen, wie es ist mit einem Kind, aber werde ich mich nicht immer danach sehnen, wenn ich es nicht erfahre? Kann ich damit leben, mich gegen eine Familie zu entscheiden und mich dafür in die Arbeit zu stürzen?

Ich denke viel darüber nach, aber ich weiß, dass ein Kind meine Beziehungsprobleme sicher nicht ausbaden soll. Diese Erkenntnis ist der erste Weg zur Besserung. Trotzdem stehe ich wieder am Anfang. Am Beginn eines neuen Lebens. Mit neuen Erfahrungen und Lernzuwachs, leider auch ein paar Falten mehr.

„Du musst das Alte loslassen, bevor wieder etwas Neues kommen kann, Lia."

„Wie oft habe ich diesen Satz jetzt schon gehört, Margret. Wer sagt denn, dass ich schon etwas Neues will? Vor allem weiß ich gar nicht mehr, was ich will. Wie soll denn der

Neue sein? Ich dachte, der Alte hätte meine Vorstellungen erfüllt. Er ist in einer heilen Familie aufgewachsen und ich wurde dort wunderbar aufgenommen. Ich gehörte dazu. Alles perfekt."

„Bis auf eure Beziehung. Was nützt dir seine Familie, wenn es in der Partnerschaft nicht passt? Ja, und zu einer Partnerschaft gehören nur du und dein Partner. Also zwei Menschen und nicht zehn, oder? Aber darüber kann man zweifelsfrei geteilter Meinung sein."

„Ich bin lange dieser Meinung gewesen, Margret. Aber wie oft habe ich ihm seine perfekte Familie angekreidet? Er wusste so oft nicht, was in mir vorgeht. Wie soll er es auch nachvollziehen, wenn er es selbst nicht spürt?" „Ich denke nicht, dass das so wichtig ist. Also wie soll dein Partner nun sein? Wie soll er sein? Und nicht: Wie soll sein Umfeld sein? Du brauchst keine intakte Familie und kein intaktes Umfeld, um mit jemandem glücklich zu sein. Deine letzte Beziehung hatte eine intakte Familie, aber es hat nicht funktioniert. Daran kann es also nicht liegen." „Ich will jetzt keinen Mann. Ich bin gerade dabei, mein Leben wieder in den Griff zu bekommen."

„Lia, dann nütze deine freie Zeit und hab wenigstens Spaß. Mit dem einen hast du was zu lachen, mit dem anderen führst du tiefgründige Gespräche, und wieder ein anderer verführt dich." „Ja, aber es ist immer nur die halbe Miete. Halbherzige Sachen, nur um nicht alleine zu sein, sind nichts für mich." Die Nächte sind lang und einsam, aber angeblich schläft man allein besser. Davon habe ich noch nicht viel gemerkt, aber vielleicht muss ich mich erst einmal daran gewöhnen. Schlafen wird ohnehin überbewertet. Es ist Samstagabend, und ich habe nichts Besseres zu tun, als auf dem Sofa zu versauern. Ich höre auf Margret, und der nächste Barbesuch steht an. Er ist jedoch wie so viele andere, einfach nur anstrengend. Ich freue mich mittlerweile hauptsächlich auf den anschließenden Besuch bei McDonald's. Meine Figur freut sich allerdings weniger.

Ich überlege, in welcher Trennungsphase ich mich momentan befinde. Leider gibt es in den Internetforen keine Einigkeit darüber, ob es nun vier, fünf oder sechs Phasen sind. Ich entscheide mich für die Variante mit vier. Je weniger Phasen, desto besser.

Habe ich die vierte Phase „Akzeptanz" mittlerweile erreicht? Ich entscheide mich, jeden Tag zu nutzen und nach vorne zu sehen. Den Rat meines Psychologen kann ich auch schon umsetzen. Ich muss eine Entscheidung treffen und zu dieser stehen. Ich lerne innerhalb kürzester Zeit zwei Männer kennen. Beide haben den gleichen Namen. Marlo, ziemlich ungewöhnlich. Eine Verwechslung rein optisch ist nicht möglich, aber mit solchen Namensgleichheiten habe ich schon meine Schwierigkeiten. Da passiert es leicht, dass eine Nachricht an den Falschen gerät. Mit beiden habe ich viele Gemeinsamkeiten. Wenn ich nur vom Äußeren ausgehe, ist die Entscheidung leicht, aber rein äußerliche Anziehung hält nicht lange. Ich muss daher beide kennenlernen, um mir darüber klar zu werden, was ich will.

Also abwarten, oder einfach rein ins Vergnügen? Ist das fair? Nach einigen Treffen entwickelt sich mit einem der beiden Marlos allerdings nicht mehr als Freundschaft. Blöderweise mit dem gutaussehenden. Irgendetwas lässt nicht zu, dass mehr daraus wird. Ich will einfach keinen Körperkontakt. Ich habe gehört, dass Menschen sogenannte ‚Pheromone' - also Botenstoffe - abgeben, die von anderen dann gemocht oder eben nicht gemocht werden. Bei diesem Exemplar passen die Pheromone wahrscheinlich nicht. Ist es nicht schlimm, was alles stimmen muss, bevor man Kontakt haben will? Ich beschließe, es beim nächsten Treffen anzusprechen, also nicht das mit den Duftstoffen, sondern das Übliche. ‚Es liegt nicht an dir, aber ich bin einfach noch nicht bereit für eine neue feste Beziehung.' Jetzt muss ich diesen dämlichen Spruch auch noch selbst anwenden. Den Spruch, bei dem nicht nur ich, sondern alle Frauen wissen, dass es nur eine Notlüge ist. Ein Spruch, bei dem wir tagelang grübeln, was falsch an uns ist und warum der Macker nicht einfach sagt, was ihm nicht passt. Dann hätten wir wenigstens eine Chance, es das nächste Mal besser zu machen. Jetzt bin ich in der gleichen Lage und kein bisschen besser als alle anderen Scheißkerle auf dieser Erde. Wie soll ich es ansprechen? Die beklemmende Ausgangslage macht es nicht gerade einfacher. Er nennt unser nächstes Treffen auch noch ‚Date'. Sollte ein ‚Date' nicht etwas Romantisches sein? Für mich ist es eine unangenehme Zusammenkunft, bei der ich Marlo sagen muss, dass seine Pheromone nicht mit meinen übereinstimmen. Mit Romantik hat das nicht viel zu tun. Das kann ich nicht einmal schön verpacken. „Also, das mit uns wird nichts, weil du keine sexuelle Anziehung auf mich ausübst, also ich meine, na ja, ähm." Ich rede mich um Kopf und Kragen. Jetzt denkt er sicher noch, ich bin eine Nymphomanin oder so. Zumindest bekomme ich keine Antwort. Er steht einfach auf und geht. Ohne ein Wort und ohne die Rechnung zu bezahlen. In Ordnung, heute Abend übernehme ich.

Ich kann mir schon vorstellen, dass das für einen Mann ein ziemlicher Fausthieb sein muss. Aber woher soll ich es wissen, da ich keinen engen männlichen Freund mehr habe, den ich fragen kann? Ist es nicht meistens so, dass sich bei dem einen mehr entwickelt und man sich dann nicht in Freundschaft trennen kann, weil der Stolz zu groß ist? Es hilft aber diesmal nicht. Ich muss zu meiner Entscheidung stehen, auch wenn ich ihm am liebsten nachlaufen und mich tausendfach für meine Abfuhr entschuldigen würde. Ich muss auf mein Gefühl hören. Erzwingen kann ich nichts. Das würde auf Dauer nur noch schmerzvoller sein für ihn. Zumindest für mich wäre das so.

Lohnt es sich, ehrlich zu sein?

Mit Lügen komme ich nie weit. Ich bin einfach nicht gut darin, und auch wenn ich denke, dass eine klitzekleine Notlüge erlaubt ist, dauert es nicht lange, bis ich die Abrechnung dafür bekomme.

Bei Prüfungen schreibe ich mir des Öfteren Spickzettel, aber verwenden kann ich sie meistens nicht. Vor Nervosität entlarven mich sämtliche Professoren aus zehn Metern Entfernung. Wenigstens kann ich einmal ohne schlechtes Gewissen diese Erde verlassen. Ich lerne aus meinen Fehlern, nur leider passieren sie meistens öfter als einmal. Ich muss aber auch immer alles selbst erfahren, bevor ich es wahrhaben will. Es mir nur zu sagen reicht nicht aus. Für mich lohnt es sich, ehrlich zu sein. Auch wenn es genug Beispiele von Menschen gibt, die mit Lügen durchkommen, würde das bei mir nur noch mehr Ärger bedeuten. Aber bin ich wirklich immer ehrlich? Geht das überhaupt? Zu mir selbst definitiv nicht. Dabei wäre das doch eigentlich das Wichtigste. Wie oft rede ich mir etwas ein und die Dinge schön. Sie sind meist alles andere als schön. Und was soll das bringen? Vielleicht besser, als wieder in Depressionen zu verfallen. Die habe ich hoffentlich bald hinter mir. Aber auch in der derzeitigen Phase ist der Grat noch schmal. Warum muss ich auch so verdammt sensibel sein? Jedes Wort wird auf die Waagschale gelegt. Mit der

Zeit werde ich meine harte Schale schon wieder aufbauen. Eine robuste Mauer, hinter welcher ich mich verstecken kann, nur um nicht wieder verletzt zu werden.

Aber will ich das überhaupt? Das würde bedeuten, ich will, dass andere nicht hinter meine Mauer sehen können, was wiederum auch gelogen wäre. Das Leben kann ganz schön kompliziert sein. Offenbar leide ich nicht nur an einem Ehrlichkeitskomplex, sondern auch unter chronischer Entscheidungsphobie. Mein Leben fordert mich immer wieder heraus, Entscheidungen zu treffen. Natürlich trifft man täglich Entscheidungen. Ob man lieber Tee oder Saft zum Frühstück trinkt, das Auto oder den Bus zur Arbeit nimmt. Aber diese Entscheidungen sind es nicht. Ich muss mich auch immer wieder für den einen oder anderen Mann entscheiden. Trägt vielleicht die Scheidung meiner Eltern dazu bei? Ist das mein Lernthema für dieses Leben? Als Kind konnte ich mich nicht selbst entscheiden. Die Entscheidung wurde für mich getroffen. Ich wurde nicht gefragt, ob ich das möchte. Auch bei wem und wo ich aufwachse, wurde für mich entschieden. Jetzt treffe ich die Entscheidungen und niemand sonst. Vielleicht fällt es mir gerade deshalb so schwer. Schon der Psychologe meinte, dass ich ständig Entscheidungen treffe, diese jedoch oft im Nachhinein zurückziehe oder sehr lange nachgrüble, ob es das Richtige gewesen ist. In der Arbeit treffe ich doch auch Entscheidungen. Aber da fällt es mir nicht schwer, diese durchzuziehen. Eine bewusste Entscheidung mit anschließender Anerkennung aller Konsequenzen. Das ist es. Die Verantwortung für mein Leben übernehmen.

Wie oft gebe ich die Schuld meinen Mitmenschen, wenn irgendetwas nicht so klappt, wie ich es mir gerade vorstelle. Letztendlich ist es immer meine Entscheidung. Ich kann niemandem dafür die Schuld zuweisen. Ich kann etwas aufbauen, aber auch alles wieder zerstören. Geistige Klarheit würde meine Entscheidungsfreiheit vergrößern. Ich kann nur leider gerade nicht klar denken und sollte zunächst einmal genau wissen, was ich will. Erst dann kann ich mich dafür oder dagegen entscheiden. Endlich einmal anfangen zu sagen, was ich denke und fühle, egal wie es angenommen wird. Auch wenn ich damit einige Türen verschließe und Menschen, die bisher an meinem Leben teilnehmen, gehen müssen. So öffne ich mir vielleicht neue Türen und andere Menschen können eintreten. Die Tür zu Marlo habe ich geschlossen. Zumindest zu einem. Der zweite Marlo ist noch da und gerade viel interessanter. Will ich diese Türe auch schließen? Ist sie überhaupt schon aufgegangen? Liegt es an mir, den Kontakt herzustellen? Aber er war mir nicht wirklich so sympathisch und es ist mittlerweile fast zwei Monate her, seit wir uns getroffen haben. Er ist anders als alle anderen. Außerdem habe ich ihm versprochen, mit ihm in ein Konzert zu gehen. Was Alkohol alles bewirkt! Versprechen darf man bekanntlich nicht brechen. Ich muss ihm schreiben. Zumindest muss ich mich erkundigen, wann das Konzert stattfindet, und bestätigen, dass ich mein Versprechen halte.

20. Oktober 2012

Lia: Wann ist das Konzert?
Marlo: Da bekomme ich ja gleich Herzklopfen.
Das Konzert ist am 27. Oktober. Geht es dir gut?
Lia: Es geht mir gut, danke. Wie hast du dir den Abend vorgestellt?
Marlo: Falls du mitkommst, ist natürlich ein Full-Service inklusive. Du bist schließlich eingeladen. Ich würde

dich nach dem Konzert auch heimfahren oder dir ein Zimmer organisieren, falls es zu spät wird.

Das ist die richtige Antwort. Sowas will ‚Frau' hören. Ein Mann, der für mich alles organisiert. Sonst muss ich immer Organisatorin spielen. Diesmal müsste ich mich um gar nichts kümmern. Jeder andere hätte vermeintlich geschrieben, dass er kein Interesse mehr hat oder sich gar nicht mehr an mich erinnert.

Gerne würde ich mein Wort halten, aber ich habe ein schlechtes Gewissen, mich schon wieder mit einem Mann zu treffen. Noch dazu an einem Ort, an welchem ich mich nicht gut auskenne. Der könnte sonst etwas mit mir anstellen. Ich suche stundenlang nach einer passenden Ausrede, um das Konzert zu umgehen. Außerdem kenne ich ihn viel zu wenig und kann unmöglich allein mit ihm auf ein Konzert gehen.

22. Oktober 2012

Lia: Es tut mir leid, Marlo, aber ich kann nicht mit auf das Konzert.
Ich verarbeite noch eine Trennung und brauche etwas Zeit für mich. Ich würde dich nur als Ablenkung benützen.
Marlo: Guten Morgen, Lia. Das ist natürlich sehr schade, weil du Eindruck auf mich gemacht hast und ich dich gern näher kennengelernt hätte. Natürlich kann ich dich mit diesem Hintergrund verstehen. Finde es auch gut, dass du es so offen ansprichst. Insofern bist du von deinem Versprechen entbunden. Liebe Grüße. Marlo.

Wow, was für eine Antwort. Unfassbar höflich und gewählt, trotz Absage. Nach dieser SMS würde ich ihn schon gerne kennenlernen. Kann ich das Risiko eingehen? Nein, lieber nicht. Ich muss erst Klarheit haben und meinen Schmerz verdauen.

28. Oktober 2012

Lia: Wie war das Konzert?
Marlo: War echt toll, aber du hättest mir als Begleitung entscheidend besser gefallen.

Wieder mal an Höflichkeit nicht zu übertreffen. Nach einigen Wochen meldet er sich unverhofft erneut und meint, dass er gerade beruflich in meiner Nähe sei und an mich denken müsse. Darauf weiß ich keine Antwort. Klar freue ich mich, wenn jemand an mich denkt. Derzeit denke ich allerdings noch immer an meinen Ex.

Die Wochen verstreichen und ich glaube nicht, dass seinerseits nochmal was kommen wird. Irgendwie will ich ihm schreiben, aber erst muss ich aus meinem Loch herauskommen.

21. November 2012

Marlo: Hi, sag mal, hättest du Lust, mit mir einen Kaffee zu trinken? Muss dringend meine Erinnerung an dich auffrischen.
Lia: Können wir gerne machen, allerdings wohnst du etwas weit weg, um mal schnell auf einen Kaffee zu gehen.
Marlo: Das ist ja wohl selbsterklärend. Wie es für dich am einfachsten ist. Ich komme dann dorthin. Alles ganz unverbindlich.

Das ist gut. Ich will gerade alles andere als eine Verbindung eingehen. Noch dazu grabe ich noch in alten Mülltonnen, und einen Lückenbüßer will ich auch nicht. Nach einem schlimmen Autounfall denkt man schließlich auch nicht gleich daran, wieder ins Auto zu steigen und loszufahren. Da müssen doch erst einmal die Verletzungen versorgt und das Auto repariert werden. Nach einem großen Drama braucht man eine Pause. Nur so habe ich vielleicht die Chance, zu erkennen, dass nicht alle Männer scheiße sind, ich sie aber auch nicht unbedingt zum Atmen brauche. Aber was spricht gegen einen unverbindlichen Kaffeeklatsch? Schließlich bin ich jetzt Single. Diese Vorstellung macht mir Angst. Ich kann so schwer allein sein. Bei meinen Freunden beginnen allerdings auch die Alarmglocken zu läuten. Sie fangen an, mir ordentlich Druck zu machen, und verwandeln sich in regelrechte Kameradenschweine, seit ich Single bin. Gerade jetzt, wo ich den Seelentrost am dringendsten brauche, fangen die an, auf die biologische Uhr zu tippen. Vielleicht ist es besser, die Sache erst einmal alleine zu bewältigen. Gegen ein unverbindliches Treffen spricht dennoch nichts, noch dazu bei dieser imponierenden Antwort. So schlage ich vor, ihm ein Stück entgegenzukommen. Aber ich gebe vor, in nächster Zeit ziemlich ausgebucht zu sein. „Jetzt fällt mir wirklich keine Ausrede mehr ein, das Treffen aufzuschieben, Margret." „Na, triff dich endlich mit ihm, das kann doch nicht so schwer sein. Er wird dich schon nicht gleich entführen." „Aber sofort erkennen, dass ich immer noch unter der Trennung leide." „Vielleicht kommst du so auf andere Gedanken, oder er kann dir bei der Verarbeitung helfen. In jedem Fall positiv." „Ob ich ihn überhaupt erkenne?" „Das wirst du dann schon, aber jetzt gib dir einen Ruck. Mich interessiert es auch, wie es weitergeht."

Ich erkenne ihn sofort, da unser Treffen auf einem riesigen Parkplatz stattfindet und weit und breit keine anderen Menschen sind. Die Gespräche verlaufen sehr respektvoll. Einige Hinweise lassen mich vermuten, dass auch er gerade erst eine Trennung hinter sich hat.

Das Treffen mit Marlo tut mir gut und nach fünf Stunden Dauerplaudern vermute ich, dass es auch ihm gefällt. Am Heimweg sehe ich, dass Margret schon mehrmals versucht hat, mich zu erreichen. „Wie war dein Treffen?" „Hallo erst einmal. Es war schön." „Was heißt das? Wie sah er aus und worüber habt ihr geredet? Und bist du jetzt erst auf dem Heimweg?" „Ja, ich fahre gerade zurück, und wir haben sehr viel geredet. Ich denke, es hat uns beiden gutgetan, auch er verarbeitet noch etwas." „Hör endlich auf, in alten Mülltonnen zu graben, und schließe deine Trauerarbeit ab." „Aber es heißt doch, dass man mindestens halb so lang braucht, eine Trennung zu verarbeiten, wie sie gedauert hat." „Na dann viel Spaß, Lia, wenn du noch zwei Jahre freiwillig auf den Nächsten wartest, weil du dich an vorgefertigte Zeitspannen halten musst." „Na ja, die Abstände zwischen den Treffen mit Marlo werden vielleicht nun kürzer." „Klar, Lia, das weist schon fast auf Regelmäßigkeit hin."

Die Treffen werden wirklich regelmäßiger und sind jedes Mal sehr entspannt und redselig. Nach einiger Zeit kommen seinerseits jedoch immer häufiger Gründe, warum persönliche Treffen nicht möglich sind. Er ist zu müde, hat zu viel Arbeit oder schon etwas ausgemacht. Obwohl ich nicht naiv sein will und bei solchen Anzeichen eigentlich längst weiß, dass ich mir keine Hoffnungen zu machen brauche, muss ich ständig an ihn denken. Warum interessiert ihn dann meine Vergangenheit? Warum schreibt er weiterhin SMS? Vielleicht lässt er mich auch deshalb immer mit seinen Antworten warten, weil ich ihn anfangs so lange warten ließ. Dieses kindische Verhalten passt doch gar nicht zu ihm. Woher weiß ich schon, was zu ihm passt? Ich weiß doch im Grunde gar nichts von ihm. Ich will Klarheit. Schließlich will ich mich entscheiden können, wenn es hart auf hart kommt, und nicht die Kontrolle verlieren. Es ist alles andere als klar. Was habe ich zu verlieren? Ich muss es wissen. Was denkt er? Wie fühlt er? Was denke ich? Wie fühle ich? Wie kann ich meine Gedanken in Worte fassen? In einer SMS versteht er es vielleicht anders, als ich es ausdrücken will. Dann kann ich es nicht einmal klarstellen.

Mit Gestik und Mimik ist es leichter. Ein falsches Wort, und die Türen können sich wieder schließen. Seit wann habe ich so große Angst? So vergehen wieder Wochen ohne direkten Kontakt. Soll er doch den ersten Schritt machen. Besser gesagt, einen Treffpunkt vorschlagen. Ich will ohnehin meine Freiheit mehr ausleben.

Er drückt sich aus wie kaum ein anderer. Das gefällt mir sehr, ich möchte ihn unbedingt wieder treffen. Will er mich etwa nicht sehen? Ständig verplant zu sein ist nicht unbedingt ein gutes Zeichen und eher ein Indiz dafür, dass er mich nicht sehen will. Oder hat er etwas zu verbergen? Vielleicht ist es Taktik; oder ist es wirklich Desinteresse? Für Ende der Woche muss ich ein Treffen arrangieren. Wie lächerlich ich mich fühle. Predige ich doch meinen Single-Freundinnen ständig, dass Desinteresse kein gutes

Zeichen ist. Bei einem selbst ist es immer anders. Zumindest rede ich mir das ein.

Aus dem Treffen mit meinem ‚Mister Geheimnisvoll‘ wird wieder mal nichts. Er bemüht sich gar nicht um mich. Er schreibt mir, aber weder Telefonieren noch Treffen ist möglich. Schön langsam ist das ziemlich auffällig. Bemühen musste ich mich gerade am Anfang noch nie. Das soll auch so bleiben. Was bildet der sich eigentlich ein? Wer nicht will, der hat schon.

„Na, wie läuft es denn mit Marlo? Schreibt ihr immer noch so viel?“

„Ja, aber nur schreiben. Er will wissen, ob ich gut küssen kann. Sowas fragt man doch nicht, das probiert man aus, oder?“

„Na ja, kannst du’s?“, will Margret wissen. „Darüber habe ich noch nie nachgedacht. Es hat sich noch niemand beschwert. Außerdem hängt das auch nicht nur von einer Person ab, sondern kommt auf das Zusammenspiel an. Er wird mir schon sagen, wenn etwas nicht passt. Vielleicht kann er es selbst nicht – oder so gut, dass er hohe Erwartungen stellt.“

Wie würde er wohl küssen? Eher hart oder weich, trocken oder flüssig? Hätte er die Augen offen oder geschlossen? Was macht er mit seinen Händen? Würde er mich angreifen? Wenn ja, wo und wie fest? Ich muss sofort das Kopfkino ausschalten. Körperkontakt macht alles nur noch viel komplizierter. Obwohl ich diesen plötzlich am liebsten hätte. Ich will wissen, wie er küsst. Aber dann hänge ich mittendrin. Ich kann nicht ohne Gefühl küssen. Auch wenn ich mich noch so versperre; und solange er nicht weiß, wie es wirklich um mich und meine Gefühle steht, wird er auch keine Rücksicht darauf nehmen. Wenn ich nie darüber spreche, wie soll er dann davon wissen? Meine Bedürfnisse auszudrücken ist einfach nicht meine Stärke. Ich habe lieber einen dicken Kloß im Hals, als meinen Mund aufzumachen. Schreiben fällt mir wesentlich leichter. Ich schreibe mir also weiterhin alles von der Seele, obwohl ich ihn kaum kenne. Dennoch entwickle ich ein solches Vertrauen, als wäre er mein Therapeut mit Schweigepflicht. Sogar auf die Gefahr hin, dass ich enttäuscht werde. Ich öffne mich einem Menschen, den ich gerade ein paarmal in meinem Leben getroffen habe. Sogar weiter als in meinen langjährigen Beziehungen. Was ist nur los mit mir? Vielleicht liegt es daran, dass ich mir selbst vertraue. Auch in meinem Freundeskreis bin ich redseliger geworden. Die Freundschaften sind jetzt lebendiger und ich fühle mich wohler in Gesellschaft. Aber was ist, wenn ich Marlo mein ganzes Herz ausschütte, und er macht sich einen Spaß daraus? Später erpresst er mich dann vielleicht noch. Warum kann ich mich nicht persönlich mit ihm treffen? Oder besser gesagt, warum er sich nicht mit mir? Ich habe keine Erwartungen, außer vielleicht geküsst zu werden und nette Gespräche zu führen. Den Rest kann ich sehr gut allein, und auch eine Beziehung kommt sowieso nicht in Frage, solange ich nicht zu mir selbst gefunden habe. Mittlerweile ist Marlo mein Therapeut und ich schreibe mir meine Sorgen von der Seele. Wenigstens verlangt er keinen Stundensatz. Direkter Augenkontakt würde mich sicher hemmen, versuche ich mir einzureden. Dennoch ist unsere erste Sitzung begrenzt. Er ist wie immer verplant. Jetzt reicht es. Desinteresse ist kein gutes Zeichen. Ich brauche Abstand, bevor es zu spät ist. „Habt ihr euch jetzt endlich mal wieder getroffen?"

„Nein, er hat nie Zeit."

„Warum nicht?"

„Keine Ahnung, mal dies, mal das. Aber er weiß zufällig noch, dass ich bei der letzten Begegnung Zigaretten in meiner Handtasche hatte, und sogar an die Marke kann er sich erinnern." „Was ist daran so besonders?"

„Ich habe nicht geraucht, weil ich gut dastehen wollte." „Da hast du entweder doch Eindruck hinterlassen, oder er hat deine Tasche durchstöbert, während du auf der Toilette warst." „Ich hatte sie immer dabei, außerdem wollte er wissen, wann ich damit aufhöre." „Was geht ihn das an?" „Vielleicht liegt ihm was an mir."

„Wenn du mich fragst, ist er nicht dein Erziehungsberechtigter und du bist alt genug, das selbst zu entscheiden. Ein Stalker? Wahrscheinlich ein Kontrollfreak, der dich schon seit Monaten beobachtet." Margret ist misstrauisch. „Ich will mir nicht ständig Gedanken machen. Vielleicht ist er auch nur eine weitere Ablenkung, um mich nicht mit mir selbst zu beschäftigen. Vielleicht hätte ich ihm einfach nicht schreiben sollen. Da war es mir noch ziemlich egal; und jetzt stecke ich schon wieder drin. Die ständige Schreiberei macht mich noch wahnsinnig. Wir kommen nie auf einen Punkt. Das ist so ungreifbar. Ich will seine Reaktion sehen können." „Welche Reaktion?" „Seine Reaktion auf meine Erzählungen. Ich muss wissen, ob ich mich in irgendeine virtuelle Scheinwelt verrenne oder wirklich etwas Ernsthaftes hinter meinen Gefühlen steht. Dazu brauche ich aber persönlichen Kontakt."

„Sowas funktioniert doch nur in Büchern oder Filmen. Ein Happy End in der Realität gibt es selten, Lia." „Wie soll ich ihm denn sonst zeigen, dass ich gut küssen kann, wenn er mich nie persönlich treffen will?"

24. Dezember 2013

Marlo: Würdest du ganz unverbindlich mit mir knutschen?

Lia: Was heißt hier unverbindlich? Kann Küssen überhaupt unverbindlich sein?

Julia Roberts küsst doch auch nicht unverbindlich in ‚Pretty Woman'.

Das ist zwar nur ein Film, aber dennoch ist der Hauptdarstellerin ‚Vivian' das Küssen zu intim. Die ständige Schreiberei ist mir mittlerweile zu viel. Ich brauche etwas Greifbares. Ich will ihn sehen können. Was ist so schlimm an einem Treffen? So geht das nicht weiter. Eigentlich ist es aber doch genau das Richtige. Ich tue mich immer schwer, meine Gefühle in Worte zu fassen. Zumindest in persönlichen Gesprächen. Lieber schlucke ich den ganzen Ärger und Frust hinunter, bis irgendwann die Bombe platzt und ich alles kaputt mache. Jetzt habe ich die Gelegenheit, zu schreiben. Das ist doch gut. Nur, jetzt will ich nicht mehr schreiben. Ich will plötzlich Augenkontakt. Will man immer das, was man nicht haben kann? Vielleicht muss ich mich nur mehr darum bemühen. Im Grunde weiß ich doch gar nicht, was ich mir davon erwarte. Mir geht es gut und ich habe genügend anderweitige Beschäftigungen. Warum soll ich mich also schon wieder auf einen anderen Menschen einlassen? Innere Klarheit ist der Schlüssel. Wer sich zu viele Türen offen hält, weiß am Ende nicht, durch welche er gehen soll. Ich sollte klar sagen, was ich will. Alles andere führt nur zu weiteren Lügen.

Momentan passt der geheimnisvolle Unbekannte nicht in mein Muster. Marlo meint, dass er angeblich eine positive Grundeinstellung hat, aber dafür nörgelt er zu viel herum. Wenn auch auf eine liebevolle Art und Weise. Zumindest klingt er ehrlich. Ich male mir vieles in bunten Farben aus. So wie ich es eben gerade brauche. Dabei will ich doch nichts weiter als eine reale Begegnung. Ich könnte vielleicht sein Handeln noch verstehen, wenn wir auf unterschiedlichen Kontinenten wohnen würden. Schon wieder sind meine Gedanken bei ihm. Das muss aufhören. Ich brauche meine Energie für mich selbst.

Jeder Wind hat ein Ziel

Kann es sein, dass er will, dass ich mir mehr Mühe gebe? Beim letzten Treffen ging es hauptsächlich um meine Trauerarbeit. Solange diese Trauerarbeit allerdings nicht erledigt ist, kann ich ohnehin noch keinen neuen Menschen an meiner Seite brauchen. Jeder Mensch ist doch individuell und nicht so einfach austauschbar. Außerdem will ich keinen Ersatz. Ich bin schon komplett. Ein anderer Mensch kann mich nicht komplett machen, wenn ich dies nicht selber kann. Ich brauche jemanden an meiner Seite, der mich so akzeptiert, wie ich bin. Mit allen meinen liebenswerten, aber auch ungeduldigen Seiten. Ich will also etwas anderes als meine letzten Partner. Er ist definitiv anders. Soll ich doch den ersten Schritt wagen? So gerne ich seine Zeilen auch lese, ich will nicht länger diese Chatroom-Gespräche führen. Ich brauche endlich wieder Augenkontakt. Mit dem Vorwand, dass es etwas zu feiern gibt, versuche ich, ihn aus der Reserve zu locken.

10. Januar 2013
Lia: Ich habe einen Grund zum Feiern.
Marlo: Okay, mit wem möchtest du feiern?
Lia: Am liebsten mit dir.
Marlo: Ich weiß nicht, ob es sich diese Woche noch ausgeht.

Lia: Sag früh genug Bescheid, damit ich dich einplanen kann.
Marlo: Oh, das klingt ja großzügig.
Lia: So bin ich eben.
Marlo: Etwas mehr Bemühung, wenn ich bitten darf!

Ist das nicht eigentlich sein Job? Er meint, das grundsätzliche Bemühen solle bei mir liegen. Ich kenne das anders. Bisher haben sich die Männer um mich bemüht; und nicht umgekehrt.

11. Januar 2013

Lia: Wieso soll ich mich mehr bemühen?
Marlo: Guten Morgen. Das grundsätzliche Bemühen ist deine Sache.
Lia: Warum denn das? Ich bin nicht altmodisch, aber ist das normalerweise nicht Männersache?
Marlo: Warum soll ich mich bemühen? Zu welchem Zweck und mit welchem Ziel?
Lia: Brauchst du dafür ein Ziel?

Warum braucht er dafür ein Ziel? Ich bemühe mich doch um einen Menschen, weil er mir etwas bedeutet. Dafür brauche ich doch kein Ziel. Oder doch? Gibt es nicht für jede Tat ein Ziel? Es wäre doch schön, alles aus Liebe zu machen. Liebe als Ziel. Ist Liebe ein Ziel? Vorerst sind eher unpersönliche Kontakte per SMS das Ziel. Soll er doch eins definieren.

7. Februar 2013

Marlo: Lia? Bist du beleidigt? Nicht wirklich, oder?
Wünsche dir trotzdem viel Glück bei deiner Prüfung.
Lia: Danke.

Am gleichen Abend noch

Marlo: Wie war es?
Lia: Perfekt! Hätte nicht besser laufen können.
Marlo: Sehr gut, das hatte ich auch nicht anders erwartet.
Lia: Danke! Du kannst auch nett sein?
Marlo: Natürlich kann ich auch nett sein.
Lia: Aber bemühen tust du dich nicht, oder hast du
schon ein Ziel?
Marlo: Dachte, du wolltest eines definieren.
Lia: Wieso ich? Ich brauche kein Ziel. Ich mache alles aus
Liebe!
Marlo: Wirklich alles?

Darüber habe ich noch nicht nachgedacht. Kann man
überhaupt alles aus Liebe machen? Hat man nicht immer
ein Ziel oder eine Intention, wenn man etwas tut? Bedingungslose Liebe ist doch nur Wunschdenken, oder? Es
wäre jedoch ein gutes Ziel. Vielleicht mein Ziel. Werde
ich diese Liebe jemals geben oder sogar bekommen können?

8. Februar 2013

Lia: Hatte noch Besuch gestern, daher konnte ich nicht
antworten.
Marlo: Besuch um diese Zeit noch?
Lia: Ja, war aber ganz anständig.

Marlo: Immer anständig ist auch langweilig. Bist du eigentlich tolerant und aufgeschlossen?

Was hat das zu bedeuten? Natürlich bin ich tolerant. Oder nicht? Prinzipiell schon. Ist das jetzt eine Ablenkungstaktik? Das kommt doch auf die Situation an. Warum aufgeschlossen? Was hat er nur vor? Bald ist Valentinstag, und überall höre ich von den Geschenken, die Freunde ihren Partnern machen wollen. Da sind sie, die strahlenden Sieger und glücklich Verliebten. Ich die Verliererin, die sich dadurch gleich noch schlechter fühlt. Ich bekomme sicher keine Blumen am Valentinstag. Vielleicht hätte ich mit meiner Klarheit und der Abfuhr von Marlo Nummer eins noch etwas warten sollen. Dann hätte ich eventuell auch Blumen bekommen. Aber ich muss ja immer gleich sagen, was ich mir nicht mehr vorstellen kann. Na ja, besser als die peinliche Aktion vor einigen Jahren im Englischkurs. Ein Typ, der mich vom Kurs kannte und erst wenige Worte mit mir gewechselt hatte, kam auf die glorreiche Idee, mir Luftballons mit Schriftzügen und einen riesigen Blumenstrauß am Valentinstag in den Kurs mitzubringen. Als ich den Raum betrat, hörte ich schon das Getuschel und Gelächter der anderen. Ich bin zwar romantisch veranlagt, aber man kann es auch übertreiben. Ich wäre fast im Erdboden versunken, als der Englischprofessor aus gegebenem Anlass eine Stunde zum Valentinstag abhielt. Dieses Jahr würde mir allerdings schon eine Kleinigkeit guttun. Von meiner SMS-Bekanntschaft kommt nichts. Keine Blumen, keine Grüße und keine SMS. Vielleicht muss ich den ersten Schritt wagen? Der Stolz ist zu groß. Morgen ist ein neuer Tag. Der Valentinstag wird sowieso überbewertet.

15. Februar 2013
Lia: Wie war dein Valentinstag?
Marlo: Ein Tag wie jeder andere.
Lia: Bist du nicht romantisch? Keine Antwort ist auch eine Antwort. Die Schweigepflicht wird ernst genommen. Kann ich dir bald auch persönlich etwas erzählen, oder sind weiterhin nur Schreibsitzungen möglich?
Marlo: Demnächst auch wieder persönlich verfügbar.

Ganz neue Töne. Allerdings höre ich die nächsten Tage wieder nichts von ihm. Was heißt demnächst? Morgen, in zwei Wochen, nächstes Monat? Langsam reicht es. Ich bin kein Spielzeug, das er hervorkramen kann, wenn es ihm gerade in den Sinn kommt. Dafür bin ich mir definitiv zu schade. Ich versuche, zwischen den Zeilen zu lesen, um irgendetwas über seine Gefühle herauszufinden. Das krampfhafte Bemühen, ihn einzuschätzen, aber dabei nicht zu viel von mir selbst zu verraten, ist mir langsam zu mühsam. Das muss aufhören. Ich mache mich persönlich von einem Mann, beziehungsweise von seinen SMS, abhängig. Ich will nicht den ganzen Tag darauf warten, eine Nachricht von ihm zu erhalten. Von einem Mann, den ich nicht einmal näher persönlich kennenlernen kann. Zumindest bin ich mir bei ihm ziemlich sicher, dass das Aussehen nicht so bedeutend ist. Oder vielleicht ist es ihm doch wichtig, und er schämt sich mit mir. Das ist unbefriedigend. Vielleicht ist er einfach verklemmt; oder kann er seine sexuellen Triebe nur verbal kommunizieren?

Schließlich findet er ,anständig' langweilig und will wissen, ob ich aufgeschlossen und tolerant bin. Vielleicht ist er eine Art ,Mister Grey'. Falls dies eine Taktik sein soll, dann ist es eine miese. Irgendetwas hat sich in mir verändert. Diese virtuelle Gefühlsduselei will ich nicht mehr. Ich brauche reale Begegnungen. Greifbar und nicht fiktiv. Seit wann ärgere ich mich so über einen Mann, der nie Zeit hat? Normalerweise ist mir das gerade recht. Ich könnte mich täglich mit Freunden treffen oder sonstige Aktivitäten planen. Aber jetzt, wo ich kann, will ich es nicht mehr. Das ist doch verrückt. Warum will ich immer das, was ich nicht haben kann? Ist das der Grund des Begehrens? Vielleicht will ich mich deshalb unbedingt mit ihm treffen, weil es so schwierig ist. Ist es nur unerfüllte Begierde und weiter nichts? Würde ich es vielleicht gar nicht wollen, wenn er immer für mich Zeit hat? Schon in meinen damaligen Beziehungen waren mir die Partner am liebsten, die nicht verfügbar waren. Sobald sie ständig in meiner Nähe sind, ist es mir gleich zu stressig, oder gar anstrengend. Wie soll ich denn jemals eine Beziehung führen, wenn das so ist? Trotzdem will ich den Gedanken nicht loslassen, dass, wenn ich einmal den Richtigen gefunden habe, ich auch gerne jede Minute mit ihm verbringe. Schon wieder sind meine Ziele ausschließlich auf Partnerschaft ausgerichtet. Ich muss endlich lernen, dass es nicht zwangsmäßig einen Partner braucht, um glücklich zu sein. Es ist nur ein angenehmer Zusatz, aber zunächst muss ich selber glücklich sein. Ein Partner kann mir nicht das geben, was ich mir selbst nicht geben kann.

Demnächst wieder persönlich verfügbar

12. März 2013

Lia: Ich will nicht mehr schreiben. Das ist mir zu virtuell. Es wäre von Vorteil, die Reaktion meines Gegenübers auch zu sehen.
Marlo: Welche Reaktion?

Lia: Deine, Punkt.

Marlo: Wie soll diese sein?

Lia: Keine Präferenzen, oder kannst du nur schriftlich kommunizieren?

Marlo: Selten ausgehen ist deutsch, und es hat sich zuletzt auch nicht angeboten.

Lia: Wann würde es sich denn anbieten?

Marlo: Wochenende bin ich verplant. Vielleicht nächste Woche.

Lia: Nett von dir, wenn ich in deinem vollen Terminkalender Platz habe.

Marlo: Tut mir leid. Es greifen immer unvorhersehbare Umstände ineinander. Vielleicht nächste Woche am Donnerstag?

Unvorhersehbare Umstände? Welche Umstände denn? Wenigstens steht jetzt einmal ein konkreter Termin. Jetzt brauche ich einen Drink. Nur nicht zu früh freuen. Wer weiß, was bis Donnerstag wieder alles passiert. Margret meinte, ich soll mich doch so wie früher auf Bekanntschaften einlassen. Frei nach dem Motto ‚Mal sehen, ob es was wird'.

Das Problem ist nur, dass ich keine zwanzig mehr bin. Wie lange habe ich noch Zeit, den Richtigen zu finden? Ich will mich doch nicht mein Leben lang nur aufs ‚Mal eben anschauen' konzentrieren und dann am Ende allein dastehen. Jetzt ticke ich schon wie mein Umfeld. Wo sind die aufmunternden Vorsätze? Ich will mich nicht mehr beeinflussen lassen. Sollen die anderen doch ihr Leben erst einmal selber auf die Reihe bekommen. In deren scheinbar perfekter Welt gibt es auch Probleme. Oder nicht? „Aber ich will doch Kinder haben. Dann werde ich noch eine

Leihmutter finden müssen, falls ich mich zu lange so unverbindlich mit dem ‚Mal-schauen-Spiel' beschäftige. Du redest dich leicht. Hast du deinen ‚Mister Right' mittlerweile gefunden?" „Du brauchst trotzdem Zeit, weil du dich schließlich nicht ins Aussehen verliebst. Zeit, um ihn besser kennenzulernen." „Gerade jetzt habe ich doch die Möglichkeit, mich in Marlo zu verlieben, denn ich bekomme ihn ohnehin nie zu Gesicht."

Aber werde ich mich in ihn verlieben? Habe ich mich vielleicht schon in ihn verliebt? Vielleicht war ich aber auch nicht in ihn, sondern in seinen Schreibstil verliebt. Dann würde ich mich doch aber auch in jeden Autor verlieben, der gut schreibt. Den Menschen macht doch weit mehr aus als sein Schreibstil.

18. März 2013
Lia: Hättest du für Donnerstag einen besonderen Plan?
Marlo: Nein, und du?
Lia: Ideen hätte ich schon, aber kein Date, nichts Romantisches, keine Sorge.
Marlo: Sondern?
Lia: Überraschung.
Marlo: Mal sehen, ob ich am Donnerstag Zeit hab.
Muss doch wissen, auf was ich mich einstellen muss.
Lia: Warum? Kein Dresscode und völlig unverbindlich.
Marlo: Ein Tipp wäre gut.
Lia: Kein Tipp. Gute Nacht!
Marlo: Das Gespräch ist also beendet!? Dann gute Nacht.

Donnerstag 21. März 2013

Marlo: Duuuuu? Wäre es schlimm, wenn wir unser Treffen nochmal vertagen? Denn müde bin ich keine gute Gesellschaft.

Lia: Ja!

Marlo: Also ich wäre dir echt sehr verbunden, wenn Verschieben klappt. Nicht dass ich nicht möchte, aber nach so einem Tag ... Ich würde gerne einen guten Eindruck hinterlassen.

Lia: Welchen?

Marlo: Den du hoffentlich von mir hast.

Lia: Hab ich den? Weiß auch nicht. Dann muss ich eben einen Ersatz finden.

Marlo: Ersatz? Das ging aber schnell.

Am nächsten Morgen

Marlo: Das ist wieder ein Tag ...

Lia: Warum?

Marlo: Kein schönes Wetter. Ich fahr jetzt in die Therme.

Lia: Dann ist es doch ein schöner Tag. Entspannen, Sauna, toll!

Marlo: Fast zu weit für dich, oder?

Lia: Etwas.

Marlo: Schade.

Lia: Hast keinen Ersatz?

Marlo: Therme oder Frau? Hätte mich auch zu einer anderen Therme überreden lassen.

Lia: Ach, wirklich?

Marlo: Hätte da noch eine nähere Therme im Angebot.

Lia: Was willst du jetzt hören?

Marlo: Keine Präferenzen.

„Langsam kommt mir das Ganze etwas komisch vor, Margret. Zunächst hat er keine Zeit und jetzt will er gleich das volle Programm. Keine schlechte Idee, die Sauna auszuwählen. Da weiß man gleich, was man hat. Aber was will er hören? Dass ich ins Auto springe und losfahre?" „Ja, ich denke, das will er hören." „Kommt gar nicht in Frage. Da muss er sich schon was Besseres einfallen lassen." „Du willst doch unbedingt fahren. Das sehe ich dir an. Hast du jetzt mit dem Alten abgeschlossen?" „Werde ich jemals ganz mit dem Alten abschließen, bevor etwas Neues da ist? Schließt man nicht ohnehin erst ab, wenn man wieder in einer neuen Beziehung ist?" „Also nicht. Das passt ja prima in deine momentane ‚Ich-bin-glücklicher-alleine-Theorie'. Wenn das so ist, ist dein Ex schon lange darüber hinweg." Warum lässt mich Margret wieder über die Vergangenheit nachdenken? Wieder grabe ich in alten Mülltonnen und versuche an die Wirksamkeit der klugen Sprüche ‚Zeit heilt alle Wunden' und ‚Aus den Augen, aus dem Sinn' zu glauben. Aber wird die Zeit meine Wunden heilen? Ist es nicht vielmehr so, dass ich einfach lernen muss, mit meinem Schmerz zu leben? Trotzdem bleiben unschöne Narben, welche immer wieder aufreißen. Allerdings ist es, je mehr Zeit vergeht, weniger schmerzvoll. Aber eigentlich bin ich heil auf die Welt gekommen. Erst die Zeit hat mich verwundet. Der Spruch sollte lauten: ‚Die Zeit verwundet meine noch heilen Stellen.' Ich beschließe also, nicht in die Therme zu fahren.

Stille

Stille ist momentan mein einziger Halt. Manchmal brauche ich sie, um zu wissen, wie es weitergehen kann. Schaden mir doch die weisen Ratschläge mehr, als sie Nutzen bringen. Schließlich kann ich nur selbst etwas verändern. Ich bin die Schauspielerin auf meiner Bühne und in meinem Leben. Nur ich, einzig allein ich, bin für mein Leben verantwortlich. Wie ich es also lebe, hängt von mir ab. Noch am Tag meiner weisen Erkenntnis treffe ich mich mit einer alten Bekannten. Während des Gesprächs glaube ich ein Déjà-vu zu haben.

Sie erzählt mir von einem gemeinsamen Arbeitskollegen, der sich anfangs total für sie interessiert hat, aber sich jetzt immer nur sporadisch bei ihr meldet. Sie kann sich nicht erklären, was ihn so reagieren lässt. Er schreibt täglich und investiert Stunden am Telefon, und dann herrscht plötzlich Funkstille. Sie muss immer den ersten Schritt machen. Von ihm kommt nichts. Was soll ich darauf sagen? Mache ich nicht gerade ähnlichen Mist durch? Ich will nicht auch noch Ratschläge erteilen, also versuche ich wenigstens, ihr Selbstwertgefühl aufzubauen. Sind alle Männer zu feige, oder machen sie sich einfach einen Spaß daraus, Frauen zu verletzen? Ich weiß nicht mehr, was ich davon halten soll. Wie viele von diesen Typen gibt es? Ich würde es ja noch verstehen, wenn in sexueller Hinsicht was laufen würde. Das wäre ein Grund. Dann würde eben die Bedürftigkeit im Vordergrund stehen und ich könnte es mir wieder schönreden. Bei meiner alten Bekannten ist es wenigstens so, denn da läuft was, wenn sie sich treffen; aber bei mir definitiv nicht, es sei denn, Schreiben befriedigt ihn. Möglich, dass er einfach von seiner Verflossenen wegkommen will und unsere Chats dazu benutzt... oder längst wieder mit ihr zusammen ist und sich einen Spaß daraus macht. Ich darf auf keinen Fall Gefühle einbringen, ansonsten habe ich am Ende wieder Herzschmerz. Wie kann ich nur auf Distanz gehen? Mich juckt es ständig in den Fingern, und ich würde ihm so gerne schreiben. Jetzt, wo auch andere Wege offenstehen, kann ich die Zeit nicht nutzen, weil ich sie ständig mit diesem Scheißkerl vergeude. Immerzu denke ich darüber nach, was ich wie am besten schreiben soll. Anstatt mich über meine gewonnene Freiheit zu freuen, enge ich mich mit Gedanken an ihn ein. Die Kunst ist es wohl, in einer Beziehung zu sein, aber trotzdem frei. Schon wieder ein Ziel. Plötzlich fällt mir auf, wie viele Ziele ich eigentlich habe. Sie haben leider alle mit Marlo oder Beziehung zu tun und seiner Frage: ‚Wolltest du nicht ein Ziel definieren?'

25. März 2013
Lia: Willst du mich diese Woche noch sehen?
Marlo: Ich denke, schon...
Lia: Wann, denkst du?
Marlo: Hm. Heute, Dienstag und Mittwoch bin ich schon verplant.
Ergo Donnerstag.
Lia: Scheint ein beliebter Tag für dich zu sein!? So wie in dem Lied: „Ist es der da, der am Eingang steht, oder der

da, der dir den Kopf verdreht, oder der da, der mit dem dicken Pulli an? Nein, es ist der Mann, der nur donnerstags kann."

Keine Antwort war auch eine Antwort. Vielleicht findet er meine Antworten nicht lustig, oder er versteht sie einfach nicht.

Stunden später
Marlo: Tut mir leid, bin eingeschlafen.
Lia: So einschläfernd bin ich schon?
Marlo: Nein, das liegt sicher nicht an dir.
Wache manchmal schon so früh auf und kann dann nicht mehr schlafen.
Lia: Was könnte dir da helfen?
Marlo: Sex oder Arbeiten. Da Ersteres nicht möglich ist, eben Arbeiten.

Endlich ausgesprochen; oder besser ausgeschrieben. Doch ein Verbalerotiker. Aber durch die aufgelegte Fragestellung eine ziemlich normale Antwort. Keineswegs hilfreich für mein Gefühlschaos. Mit wem hat er denn am liebsten Sex? Darf ich überhaupt schon an Sex mit einem anderen denken? Warum nicht? Ich denke wenigstens nur dran, er hat ihn sicherlich schon längst. Gibt es noch Menschen, die mit ihrem ersten Partner Sex haben und danach nie mehr mit jemand anderem? Welche, die das wirklich wollen, bis an ihr Lebensende mit dem Gleichen ihre Zeit zu verbringen? Ich bin sicher, dass bei vielen einfach die Abhängigkeit oder die Gewohnheit Ursache des Zusammenbleibens ist. Ich kenne genügend Fälle in meinem Alter, die seit Jahren unglücklich verheiratet oder vergeben sind und einfach nicht den Mut aufbringen, sich zu trennen, da sie finanziell oder emotional von ihrem Partner abhängig sind. Die emotionale Abhängigkeit kenne ich gut. Auch Gewohnheit ist ein Grund, warum ich oft warte, bevor ich den Mut habe, etwas zu ändern. Ich urteile daher lieber nicht über andere, da es mir besonders schwerfällt, eine Entscheidung zu treffen. Gerade jetzt, wo der Faden immer dünner wird und knapp am Reißen ist, kann ich doch zur Abwechslung einfach einmal mein Leben genießen. Schließlich haben die Dauerbeziehungen ein Ende. Aber kann man nicht nur in einer Beziehung dazulernen? Jede Beziehung hilft mir, mich selbst zu reflektieren. Auch wenn ich in meinen Partnerschaften oft das Gegenteil von dem lebte, was ich wollte, weiß ich nun, was ich will, und kann endlich damit anfangen, das auch zu leben. Dafür brauche ich aber wieder einen Partner, oder? Möglichst einen mit den gleichen Ansichten. Wenn ich mich aber noch weiter auf dieses Katz-und-Maus-Spiel mit Marlo einlasse, werde ich auch nicht zu dem erwünschten Ergebnis kommen. Es muss einfach angesprochen werden. Auch wenn es nicht die Antwort bringt, die ich hören möchte, so habe ich zumindest eine; und kann mich wieder auf andere Dinge konzentrieren. Zum Schluss übersehe ich noch einen netten Kerl, weil ich schon wieder an irgendetwas festhalte. Wie oft muss ich noch loslassen in meinem Leben? Warum kann ich nicht einfach einmal etwas haben? Es einfach festhalten? Unerfüllte Begierde ist ein scheußliches Gefühl.

26. März 2013

Lia: Es muss jetzt einfach raus. Persönlich wäre mir zwar lieber gewesen, aber was soll's.

Marlo: Was denn?

Lia: Ich hatte keine großen Erwartungen bei unseren ersten Treffen und, um ehrlich zu sein, es war für mich einfach nur eine nette Ablenkung. Vermutlich wäre ich sogar wieder zurück zum Alten und Gewohnten übergegangen, wenn es sich ergeben hätte. Andererseits habe ich aufgehört in alten Mülltonnen zu graben und akzeptiert, dass es eben so ist, wie es ist. Gerade die letzten Monate ermöglichten mir zu erkennen, dass nicht alle Männer gemein sind, ich sie aber auch nicht unbedingt zum Leben brauche. Ich bin mittlerweile ein zufriedener Single. Dennoch brauche ich Klarheit. Um es auf deine unromantische Art und Weise auszudrücken, finde ich, dass unsere derzeitigen Lebensmuster gut harmonieren würden und ich mit meinen Gefühlen schon etwas drinstecke. Ich möchte nur wissen, was das Ganze ist beziehungsweise was daraus werden soll! So, wie es gerade ist, ist es nämlich ziemlich unbefriedigend und tut mir nicht gut. Willst du weiterhin nur mein „Brieffreund" sein?

Endlich war es raus. Ich bin erleichtert. Egal wie seine Antwort ausfällt, zumindest weiß ich dann, woran ich bin. Ich habe alles Wichtige gesagt. Jetzt liegt es an ihm, daraus etwas zu machen. Vielleicht ist es ein weiterer Lernprozess, den ich brauche. Vielleicht muss ich erst einmal lernen allein zu sein, ohne mich einsam zu fühlen. Jetzt, wo ich Single bin und eigentlich genießen könnte, wäre ich es am liebsten nicht mehr. Meine Single-Freundinnen machen sich im Grunde etwas vor, wenn sie sagen, dass sie glückliche Singles sind, oder? Höre ich doch schon im nächsten Atemzug, dass sie sich einen passenden Mann wünschen.

Wie glücklich sind sie wirklich? Was ist, wenn ich einen potentiellen Partner kennenlerne, aber sich dieser noch nie einem Lernprogramm unterzogen hat? Jemanden, der noch nie gebunden war? Kann daraus überhaupt eine funktionsfähige Partnerschaft werden? Muss ich ihm dann erst alles erklären oder beibringen? Wird er mich überhaupt zu schätzen wissen? Oder irgendwann drauf kommen, dass er nicht gleich seine erste langjährige Freundin heiraten will? Dann vergeude ich nur noch weitere Jahre. Noch am selben Abend werde ich überzeugt, dass auch eine Heirat keine Garantie für Treue ist. Ich bin auf einer Geburtstagsfeier und unterhalte mich ganz ungezwungen mit einem Typen. Er beteuert die Liebe zu seiner Frau und hat im nächsten Moment seine Lippen auf meinen. „Was soll das jetzt? Nein danke, kein Interesse." So läuft das also. Verheiratet oder nicht, das ist den Männern offenbar ziemlich egal. Aber mir nicht. Wenn das so weitergeht, dann wird das mit dem Vertrauen schwierig werden. Zumindest bin ich am „Pärchensonntag" mit Ausnüchtern beschäftigt und muss mir nicht anhören, dass niemand Zeit hat, weil alle den Tag mit ihrem Schatz verbringen. Wäre ich doch nur jünger. Irgendwie habe ich die falsche Reihenfolge gewählt. Als ich jung war und jeden Sonntag mit anderen jungen Menschen verbringen hätte können, war ich gebunden. Jetzt sind alle anderen vergeben und ich bin alt. Na ja, so schlecht habe ich es nicht erwischt, denn manche haben schon Kinder und sind jetzt wieder allein. Ich kann mich wenigstens ablenken und unter die Leute gehen. Es könnte natürlich besser sein, aber durchaus auch schlechter.

3 Tage später
Marlo: Lia, es klingt komisch, aber ich bin schon wieder krank.
Da habe ich jahrelang gar nichts, und dann erwischt es mich gleich kurz hintereinander.
Lia: Wird wahrscheinlich irgendetwas rausmüssen?!

Zu meinem ‚Geständnis' kein Wort. Immer noch besser als gar keine Antwort. Ich denke sogar, dass es besser ist, wenn er nicht sofort antwortet, da er wenigstens darüber nachdenkt. Andererseits gibt es da nichts nachzudenken. Entweder er will, oder er will eben nicht. Schließlich geht durch die Schreiberei auch viel Zeit verloren. Die könnte ich anders nutzen. Soll ich mehr Sport treiben? Aber für wen soll ich mich verbiegen, und für wen soll ich gut aussehen? Ich will Marlo erst wiedersehen, wenn ich verdammt gut aussehe. Dass ich mich selbst einmal hübsch und sexy finde, kommt aber praktisch nie vor. Also werde ich ihn nie wiedersehen. Meine Heilerin meint, ich muss das mit Marlo loslassen, damit er, wenn er will, kommen kann. Schon wieder loslassen. Wie oft muss ich das noch? Wann werde ich denn einmal etwas festhalten dürfen? Besser gesagt, wann bleibt etwas freiwillig bei mir? Mittlerweile könnte ich nicht nur einen eigenen Esoterikladen eröffnen, sondern auch selbst weise Ratschläge erteilen. Wollte ich früher noch Scheidungsanwältin werden, wäre ich jetzt lieber Eheberaterin oder Paartherapeutin, um allen die schmerzliche Erfahrung einer Trennung zu ersparen. Aber ich habe keine Wahl. Also lasse ich wieder mal los. Warum soll auch der Nächstbeste schon der Richtige sein? Vielleicht hilft er mir einfach nur über meine Trennung hinweg. Ich muss beginnen zu leben. Vielleicht bin ich dann die erste wirklich glückliche Single-Dame.

Fast so gut wie ein Tier

Zum glücklichen Single ist der Weg sicher nicht so steinig wie der zur bedingungslosen Liebe. Die kann vielleicht ein Haustier geben. Das Tier ist immer fröhlich und ignoriert seine Schmerzen. Zumindest beschwert es sich nicht oder langweilt andere mit Problemen. Es ist auch immer ehrlich zu sich selbst und steckt niemanden in eine Schublade. Es liebt bedingungslos und übt keinen Druck aus oder hegt Erwartungen.

Ich bin aber leider kein Tier, sondern ein Mensch geworden. Wie soll also je bedingungslose Liebe stattfinden? Die Unfähigkeit, miteinander zu kommunizieren, ist seit jeher ein Problem in meinen Beziehungen gewesen. Es fällt mir einfach schwer, zu reden und vor allem zu sagen, was ich fühle. Ich kann mich nicht erinnern, einmal „Ich liebe dich" gesagt zu haben. Habe ich vielleicht gar nicht geliebt? Kann ich erst lieben, wenn ich mich selber akzeptiert habe? Reicht es, einfach eine gute Zuhörerin zu sein? Bin ich bereit für eine Veränderung oder habe ich Angst davor?

Angst vor Veränderungen

Kaum gewöhne ich mich an die Situation, ändert sie sich auch schon wieder. Sosehr ich mich anfangs davor fürchtete, allein zu sein, so sehr gewöhne ich mich daran. Was ist, wenn Marlo seinen Anti-Treff-Kurs radikal ändert und ich ihn doch sehen will? Habe ich dann Platz für ihn? Will ich diese Veränderung? Oder ist mir der jetzige Weg wichtiger als er? Es sind schon wieder Wochen vergangen, ohne eine Antwort von ihm. Soll ich den ersten Schritt wagen? Was habe ich schon zu verlieren? Entweder ich bleibe weiterhin eigensinnig oder werde doch noch glücklich. Da mir glücklich lieber ist, halte ich nicht länger an meinen Gedanken fest.

10. April 2013

Lia: Marlo? Bist du wieder gesund? Geht es dir gut? Oder hast du die Truhe geschlossen? Lia hinein, Gefriertruhe zu und den Schlüssel bis zum Anschlag drehen. Dann alle paar Wochen, je nach Bedarf, abtauen.

Entweder er versteht meine Witze nicht oder die Tür ist wirklich schon geschlossen. Warum gibt er sich überhaupt Mühe, wenn es ihn nicht interessiert? Vielleicht ist er zu krank zum Schreiben. Dieses Aufmerksamkeitsdefizit macht mir zu schaffen. Langsam komme ich mir wie ein

Kleinkind vor. Wenn ich nicht genügend Aufmerksamkeit bekomme, bin ich trotzig. Leider bin ich aber kein Kind mehr. Habe ich nichts aus meinen Irrtümern gelernt?

Eine Woche später

Marlo: Ich denke, ich muss mich bei dir entschuldigen. Normalerweise ist das nicht meine Art, so sporadisch und unzuverlässig zu sein. Ich bin immer noch krank und stehe allgemein etwas neben mir. Tut mir wirklich leid. Ich melde mich ganz sicher bei dir, sobald es mir wieder gut geht. Liebe Grüße, Marlo

Entschuldigen war normalerweise immer meine Aufgabe. Ich entschuldige mich ständig für meine Gefühlsausbrüche. Dann rutschen mir immer unpassende Wörter heraus, die ich anschließend bereue. Trotzdem freut es mich, dass es Marlo nicht völlig egal ist. Bei seiner Entschuldigung musste er gewiss über seinen Schatten springen. Warum er wohl neben sich steht? Hat es etwa mit mir zu tun? Zu schön, um wahr zu sein. Zumindest meldet er sich wieder. Zumindest schreibt er.

Am nächsten Tag

Marlo: Heißt nicht antworten, dass du die Entschuldigung angenommen hast?
Lia: Denke, schon.
Marlo: Klingt nicht sehr überzeugend.

Ist es auch nicht, aber was soll ich schreiben?

Er könnte sich endlich öfter melden. Ich will mir nicht immer seinen Kopf zerbrechen. Vielleicht hat er Zweifel, oder Angst, etwas Ernstes einzugehen. Einmal aufgetaut bin ich noch in Ordnung, aber wieder einfrieren lasse ich mich nicht. Öfter aufgetaut bin ich ungenießbar. Er soll sich also gut überlegen, ob und wann er mich auftaut. Diesmal muss er sich schon was einfallen lassen.

19. April 2013
Lia: Lieber Marlo, falls du noch einiges ‚ins Reine‘ bringen musst, kann ich das verstehen. Vielleicht weil ich mit meiner Fantasie vom ‚Traumprinzen‘ etwas übertreibe, aber ich bin nun einmal auf der romantischen Seite gelandet. Überleg dir, ob, wie und wann du mich auftaust. Beim zweiten Mal wird's allerdings ungenießbar. Hab übrigens einen neuen Job.

Denkt er wirklich darüber nach? Da gibt es doch eigentlich keine Überlegung. Entweder jemand will mich, und zwar sofort, oder eben nicht. Wenn er da überlegen muss, kann das sowieso nicht richtig sein, oder?

Trotzdem ist er so anders und das fasziniert mich. Schließlich denke ich auch öfter darüber nach, wie es ist, wieder mit jemandem zusammen zu sein. Wie lange wird er für seine Überlegungen brauchen? Teilt er es mir überhaupt mit, wenn er nicht will? Ich habe das Warten satt.

20. April 2013
Lia: Überzeugendes angenommen! Falls du bei deiner Vergangenheitsbewältigung jemanden brauchst, bin ich auch gefroren für dich da. Höre auf die Weisheit deines Herzens. Hoffe, es geht dir bald besser.
Marlo: Aber ist das so gut, wenn du gefroren für mich da bist?

Lia: Nein, lieber aufgetaut. Geht es schon bergauf mit dir?

Marlo: Ja, etwas.

Lia: Arbeitest du schon wieder?

Marlo: Morgen geht es los.

Lia: Bist du zuverlässiger geworden?

Marlo: Ja, denke, schon.

Lia: Und wie geht es deiner Seele?

Marlo: Durchwachsen. Es bewegt sich viel momentan, auch wenn es sich anfühlt wie Stillstand.

Lia: Was bewegt sich? Hab ein offenes ‚Auge', wenn du darüber schreiben willst.

2 Tage später

Marlo: Womöglich komme ich darauf zurück.

Lia: Jederzeit.

Am nächsten Morgen

Lia: Vielleicht doch nicht jederzeit. Bei mir ist da noch kein Stillstand in Sicht.

Marlo: Was heißt das?

Lia: Ich sollte glücklich sein mit neuem Job und neuen Herausforderungen.

Marlo: Aber?

Lia: Weiß auch nicht. Erzähl mir was von dir.

Marlo: Bin gerade unterwegs.

Da will ich nicht weiter stören. Gespräch beendet. Wieso kann ich nicht einfach mein Leben genießen und glücklich sein? Ich stehe wieder fest im Leben. Was fehlt mir nur?

1 Tag später
Marlo: Geht es dir wieder besser?
Lia: Ja, danke. Dir?

Wieder keine Antwort. Langsam ist mir das zu anstrengend.

24. April 2013
Lia: Guten Morgen. Ich sollte seit einer Stunde in der Arbeit sein.
Marlo: Aber?
Lia: Was für ein Tag.
Marlo: Weil?
Lia: Seit über einer Stunde stehe ich im Stau. Wie läuft es bei dir im Job?
Marlo: Viel zu tun.
Lia: Verstehe.

Die Meldungen werden immer kürzer. Das hat schon fast Smalltalk-Charakter. Vielleicht ist eine Pause wirklich nicht schlecht. Eine Pause wovon? War da überhaupt etwas? Vielleicht sollte ich mich mehr auf meine neue Arbeit konzentrieren und aufhören, mir Gedanken zu machen und sinnlose Ablenkungsdates anzunehmen. Weiß ich doch vorher schon, dass diese Männer nicht zu mir passen. Warum tue ich mir das an? Ist mein Leben so langweilig, dass es egal ist, mit wem ich meine Freizeit verbringe?

3 Tage später
Lia: Gehst nicht aus am Samstagabend?

Marlo: Nein, muss mich noch schonen. Und du?
Lia: Nicht in Stimmung.
Marlo: Immer noch nicht gut?
Lia: Hmm. Kann es denn jemals gut werden? Bleiben doch immer Narben.
Marlo: Ja; denke, schon. Lass uns morgen telefonieren.
Lia: Gern, wann?
Marlo: Am Abend? Gegen 19 Uhr?
Lia: Ja, gern. Gute Nacht.
Marlo: Gute Nacht.

Er will telefonieren? Da bekomme ich ja gleich Herzklopfen. Ganz neue Töne und kaum zu glauben.

Am nächsten Morgen
Lia: Sollen wir uns bei dem schönen Wetter nicht treffen und in der Sonne quatschen?
Marlo: Hab schon mit einem Freund was ausgemacht, aber der Telefontermin steht.
Lia: Geht klar.

Wieder ein Reinfall. Langsam kommt es mir so vor, als wäre er irgendein ‚Guru‘, bei dem ich einen Termin brauche, um ihn sprechen zu können. Ich muss mich glücklich schätzen, dass er ein Gespräch für mich möglich macht, oder was? Vielleicht verlangt er noch eine Gegenleistung dafür oder sendet mir hinterher die Rechnung.

Gleicher Tag um 20:00 Uhr
Lia: Marlo?
Marlo: Mein Akku ist leer, melde mich.

Es kommt kein Anruf und ich warte wieder einmal, bis ich einschlafe.

Am nächsten Tag

Lia: Bitte melde dich nicht mehr bei mir. Das ist mir zu einseitig und ich habe keine Lust, schon wieder verletzt zu werden oder in ein offenes Messer zu laufen. Ich brauche weder einen Therapeuten noch einen Brieffreund.

Marlo: Ich hatte gestern wirklich keinen Akku mehr und kam spät nach Hause. Aber unabhängig davon hast du recht. Ich habe mich nicht besonders bemüht und das tut mir leid. Es hat nichts mit dir zu tun, sondern mit den allgemeinen Umständen. Ich erwarte nicht, dass du das verstehst. Aber ich verstehe, wenn dir das zu anstrengend ist. Auch wenn ich das so nicht wollte.

Wieso macht er es dann, wenn er es so nicht will? Welche allgemeinen Umstände? Warum verstehe ich sie nicht? Ich verstehe so ziemlich alle Umstände. Habe sicher die meisten davon schon selbst durchgemacht. Es gibt nicht mehr viel, was ich nicht selbst erlebt habe, oder zumindest kenne ich jemanden, den ich fragen könnte. Sicher gibt es Menschen, bei denen immer alles glatt läuft, aber entweder belügen diese Menschen sich selbst oder es stimmt sonst etwas nicht.

Warum muss ich ständig an ihn denken? Bei seiner Direktheit wird er es mir doch sagen, wenn er keine Lust hat. Dann weiß ich wenigstens Bescheid. Aber nein! Mister Geheimnisvoll rückt nicht heraus mit der Sprache. Langsam habe ich kein Verständnis mehr für sein Benehmen. Was soll ich schreiben? Ich will mir nicht die Finger verbrennen, nicht nach so kurzer Zeit. Mittlerweile fühlt sich alles so schwer an. Dann lieber die Zeit allein verbringen und dafür halbwegs glücklich. Wenn der Anfang schon so kompliziert ist, wie ist es dann erst später? Meist gibt es ja den umgekehrten Fall. Man ist euphorisch und im siebten Himmel und dann kommt die Ernüchterung. Vielleicht also gar nicht so schlecht, wie es ist.

29. April 2013
Lia: Ich wollte das auch nicht. Da ich den Eindruck habe, dass du ein liebenswerter Mensch bist und wir sehr viele Gemeinsamkeiten haben. Schon allein deshalb spreche ich gern mit dir. Ich glaube auch, dass du ehrlich bist. Leider kenne ich deine Umstände nicht. Dass ich sie nicht verstehen könnte, glaube ich aber nicht. Ich hätte dir gern zugehört. Darf es eben nicht mehr an mich heranlassen. Schönen Tag und viel Kraft für alles.

Schutzmauer

Und schon verschließe ich mich wieder und lasse nichts mehr an mich heran. Aber ich wollte die Mauer doch ab- und nicht aufbauen. Ein Schutzwall ist wohl das Einzige, was mir jetzt bleibt. Der gibt mir zumindest Sicherheit, nicht verletzt zu werden. Er hindert mich eventuell aber auch daran, hinauszublicken. Natürlich ist es nicht sinnvoll, sein Herz offen auf einem Silbertablett herumzutragen, und jeder X-Beliebige kann mit einem Messer hineinstechen, aber ich wage zu bezweifeln, dass eine gänzliche Abschottung der richtige Weg ist. Margret meint, wenn man einmal richtig verletzt wurde, ist es beim nächsten Mal nicht mehr so schlimm. Aber warum? Ist doch wieder nur so ein Spruch. Natürlich kann es wieder genauso schlimm sein. Oder hängt es davon ab, wie sehr man liebt? Ist nicht jede Trennung schlimm? Nur ist meine erste Trennung schon so weit weg, dass es sich nicht mehr schlimm anfühlt. Gibt es denn auch Menschen, die sich das Leid einer Trennung ersparen, weil sie Angst davor haben und deshalb immer mit demselben Partner zusammenbleiben? Oder kann der Erste gleich der Richtige sein? Und warum kann mir so etwas nicht passieren? Vielleicht laufen aber auch nette Kerle vor meiner Nase herum und ich bemerke es nicht einmal, weil ich ständig über alles nachdenke und alles hinterfrage. Dabei wäre es viel einfacher, die Dinge einfach einmal so zu lassen, wie sie sind. Aber Marlo kann ich nicht so lassen, wie er ist. Er gibt sich einfach keine Mühe. Ich lasse viel zu viel mit mir machen. Jeden anderen Typen hätte ich längst abgehakt. Was ist nur los mit mir? Das habe ich nicht nötig. Es gibt andere Männer, die alles tun würden, um ein paar Stunden mit mir zu verbringen. Warum also nicht den Tag mit einem anderen Kerl nutzen? Da bekomme ich wenigstens die verdiente Aufmerksamkeit.

Gesagt, getan! Blöderweise behaupte ich bei diesem Date, eine gute Skifahrerin zu sein, und wir verabreden uns für einen gemeinsamen Ski-Tag. Da kommt er, ausgestattet mit Lawinenpiepser und Erste-Hilfe-Ausrüstung. „Wofür brauchen wir das Zeug?"

„Denkst du etwa, wir bleiben auf der Piste? Tiefschneefahren ist doch viel besser." „Ja, aber ist das nicht etwas übertrieben?" „Ist ja nur für den Notfall. Du kannst doch Ski fahren." „Ja, schon, aber ich weiß auch nicht." „Das machst du schon. Los geht's!"

Weitab von der Piste, fahre ich durch riesige Schneeberge. Ich werde mich total blamieren, aber irgendwie muss ich da jetzt runterkommen. Nach der ersten Abfahrt sehe ich bereits aus, als wäre eine Lawine über mich drübergerauscht. Die Schminke ist überall, nur nicht mehr in meinem Gesicht; und warum habe ich überhaupt Skier an den Füßen, wenn ich die meiste Zeit auf meinem Allerwertesten herumrutsche? Das sieht nach anstrengenden Stunden aus. Trotzdem habe ich endlich einmal wieder Spaß mit einem männlichen Wesen. Ungezwungene Stunden haben mir echt gefehlt. Es muss ja nicht immer gleich was Ernstes sein. Warum nicht einmal ganz entspannt den Tag genießen? Es kommt mir langsam vor, als hätte ich schon totale Panik, niemanden mehr abzukriegen, wenn ich mich nicht gleich ,für immer' entscheide. Kein Wunder, dass sich da nie etwas ergibt. Männer riechen doch schon von der Ferne den ,Angstschweiß'. Welcher halbwegs vernünftige Mann will eine frustrierte, verzweifelte Freundin, die ihn nur deshalb nimmt, weil gerade nichts Besseres in Reichweite ist? Na ja, er ist ein toller Skifahrer und wahnsinnig lustig. Trotzdem will sich nicht so recht ein ,Wow-Effekt' einstellen. Aber gibt es das überhaupt? Ich glaube, nur in äußerst seltenen Fällen; und ich gehöre eher nicht zu den Glücklichen, die ihren Traummann sehen und wissen, dass sie den und keinen anderen mehr haben wollen. Er allerdings hat es ziemlich eilig, und mit versteckten Andeutungen und Übernachtungsangeboten geht er mir einen Schritt zu weit. Ich habe bereits genug und will kein weiteres Treffen. Mach ich etwa gerade das Gleiche wie Marlo mit mir? Eine falsche Bemerkung, und er ist abserviert? Ich weiß, dass das kein schönes Gefühl ist, aber auch ich wecke falsche Hoffnungen, wenn ich jetzt weiter mit ihm in Kontakt bleibe. Genau das macht doch Marlo mit mir. Meine Versuche, ihn zu treffen, werden dankend abgelehnt, und trotzdem hält er laufend Kontakt. Entweder ist er beruflich unterwegs oder auf sonstigen Reisen. Ich glaub ihm kein Wort mehr. Vielleicht hat seine Verflossene ihre Finger im Spiel und jetzt weiß er nicht, was er machen soll. Wenn ich nicht die erste Wahl bin, hat er mich nicht verdient. Ich muss endlich abschließen und mich neu orientieren. Wenn es kein Happy End mit Marlo gibt, dann vielleicht mit jemand anderem. Aber nicht mit dem Skifahrer. Das fühlt sich zu kumpelhaft an. Ich muss es ihm sagen, sonst bin ich kein bisschen besser als Marlo. Ich verabschiede mich und sause unter die Dusche.

Schnell noch auf die Geburtstagsfeier von einer Arbeits-kollegin. Wie nett, dass ich überall eingeladen werde. Die sehen wohl alle, wie verzweifelt ich bin. Dort lerne ich Ben kennen, der erst seit vier Tagen getrennt ist. Braunge-brannt vom Urlaub, den er wahrscheinlich noch mit seiner Ex verbracht hat. Diese Frage erspare ich ihm lieber. So weit ganz gut, aber er lässt keine Annäherungsversuche aus. Wie kann ein Mann sich nur so schnell ablenken? Ist die eine weg, kommt die Nächste. Unglaublich, ich fasse es nicht. Ich kann mich noch genau an die ersten Monate meiner Trennung erinnern. Keine prickelnde Zeit. Ich bin doch keine Übergangsfrau. Meine Schonzeit ist nach über sechs Monaten sicherlich vorbei und ich bin bereit für etwas Neues. Aber ist er das auch? Sicher nicht nach vier Tagen. Warum Gedanken machen, er wohnt sowieso zu weit weg, um mal schnell auf ein Date zu kommen. Zu laut gedacht, er will gleich nächsten Samstag wieder anrei-sen. Davon rate ich ab. „Wenn es sein soll, passt es auch nach drei Monaten noch." „Aber warum so lange warten? Willst du mich nicht kennenlernen?" „Doch, aber du bist erst so kurz Single." „Schon, aber das spielt doch keine Rolle, wenn es passt." Woher will er denn wissen, dass es passt? Der soll erst einmal seine Trennung verarbeiten und nicht gleich die nächste Frau, die er sieht, bearbeiten. Da tut mir glatt die Ex leid, obwohl ich sie nicht einmal kenne. Ich warte also lieber ab. Wir telefonieren trotzdem regelmäßig und durch seine Erzählungen habe ich viele Déjà-vus. Meine Trennung kommt erneut an die Oberflä-che. Bin ich denn immer noch nicht darüber hinweg? Ist das der Grund, warum wir uns begegnet sind? Oder bin ich diesmal die Therapeutin in der Geschichte? So wie Marlo es in gewisser Weise bei mir ist? Nein, Marlo ist mehr als nur ein Therapeut. Muss ich das nun durchmachen, um zu wissen, wie Marlo sich fühlt? Sicher nicht so mies wie ich. Die gleichen Muster wie schon bei meiner Trennung, nur eben aus umgekehrter Sicht. In Ordnung! Wenn ich das jetzt noch durchstehe, kann dann „Mister Right" endlich kommen? Wenn das hilft, gebe ich gerne ein paar Therapiestunden. Aber vorerst will ich keinen persönlichen Kontakt. Ab und zu telefonieren oder schreiben muss genügen. Er macht allerdings schon Pläne für ein weiteres Treffen.

Bin ich wirklich bereits offen für Neues? Die Erzählungen wecken so viele Erinnerungen. Habe ich es doch noch nicht verdaut? Außerdem hat er Ähnlichkeiten mit meinem Ex. Warum kann ich nicht einfach einen potentiellen Kandidaten kennenlernen ohne einen therapeutischen Auftrag? Einfach nur, weil ich mich verliebe? Oder habe ich die falsche Vorstellung vom Verlieben? Ist ‚Sich Verlieben' nur eine Erfindung? Kann man sich das in jungen Jahren besser vorstellen oder einreden und verliebt man sich im Alter nicht mehr so leicht? Warum muss ich immer alles in einer anderen Reihenfolge machen? Wenigstens muss ich nichts loslassen, wenn ich nichts festhalte.

30. April 2013

Lia: Wenn die ersten Tropfen fallen und lustig auf das Pflaster knallen; blühen sie wie Blumen auf …
Ablenkung des Tages.

Marlo: Kann ich gebrauchen.

Lia: Denke, ich weiß, welche Umstände dich plagen. War etwas egoistisch. Falls du Hilfe brauchst, hör ich dir gern zu. Außerdem vermisse ich einen vernünftigen Gesprächspartner. Du meldest dich gar nicht mehr. Schönen Wochenstart.

Marlo: Ja, das tut mir auch echt leid. Ehrlich. Wird wieder besser.

Was genau tut ihm leid? Dass er nie Zeit hat oder sich nicht meldet? Dass er keine Hilfe in Anspruch nehmen möchte oder dass er Umstände hat, die er nicht erklären will? Ich weiß nicht mehr weiter. Warum interessiere ich mich überhaupt so dafür? Was geht es mich an?

Ein Tag später

Lia: Nur so als Tipp. Es gibt Öle gegen Ängste, Herzschmerz oder Aufarbeitungen. Die sollen ganz gut helfen.

Marlo: Hast du Herzschmerz?

Lia: Etwas schon noch. Denke, das dauert einfach seine Zeit.

Marlo: Immer noch dein Ex?

Lia: Wer denn sonst? Denke, du bist auch noch nicht ganz durch damit, oder warum hast du immer noch Fotos mit ihr auf dem Handy?

Marlo: Das hat nichts zu bedeuten.

Lia: Wie du meinst.

Marlo: Ich meine!

Lia: Manchmal ist es einfach noch etwas komisch, aber ich denke, das ist normal. Bist du dir sicher, dass es richtig ist, nicht mehr mit ihr zusammen zu sein?

Marlo: Ja; denke, schon.

Lia: Nicht überzeugend.

Marlo: Doch, ist es aber.

Lia: Könnten wir uns nicht einfach einmal in den nächsten Monaten treffen und unverbindlich quatschen? Vielleicht können wir Nützliches damit verbinden.

Marlo: Was könnte das sein?

Langsam habe ich dieses Frage-Antwort-Spiel satt. Jetzt sind es schon Treffen in den nächsten Monaten. Wo soll das nur hinführen? Soll ich die nächsten Jahre mit Warten verbringen? Dann übersehe ich zum Schluss noch den Richtigen. Vielleicht gibt es jemanden, der mich unbedingt kennenlernen will, und er ist noch dazu vernünftig und im richtigen Alter. Außerdem habe ich jetzt die Chance, einmal das Beste von jedem zu nutzen. Ich bräuchte einen Mann für den Spaß, einen Erfahrenen für nette Unterhaltungen und vielleicht noch einen Reiselustigen, um wieder einmal auf Urlaub zu fahren. Den Sommer so zu verbringen wäre eine Möglichkeit, aber spätestens wenn der Herbst kommt, brauche ich etwas Festes. Noch so einen Winter stehe ich nicht durch. Also telefoniere ich weiter mit Ben. Perfekt, um mir ein Phantombild zu konstruieren, das letztendlich nicht erfüllbar ist. Telefonieren ist immer leichter als eine direkte Konfrontation.

Im Gegensatz zu Marlo kann Ben ein persönliches Treffen kaum erwarten. So quartiert er sich einige Wochen später in einem Hotel in meiner Nähe ein. Anfangs bin ich noch angetan von dem Gedanken. Aber dann kommen die ersten Zweifel. Bin ich verpflichtet, das ganze Wochenende mit ihm zu verbringen? Was ist, wenn ich mich schon am ersten Abend langweile und genug habe? Jetzt kann ich auch nicht mehr absagen. Wie soll ich ihn auch sonst kennenlernen? Ich werde immer nervöser. Wo ist die Leichtigkeit geblieben? Ich habe absolut nichts zu verlieren. Der Abend ist sehr lustig, der Wein süffig. Zwischenzeitliches Trinken von Wasser hilft da auch nichts mehr. Noch dazu schaffe ich es, einige Gläser zu zerbrechen und mitten in die Scherben zu greifen. Meine Finger bluten, aber ich lasse mich nicht dazu überreden, ins Krankenhaus zu fahren. Ben will sich erneut mit mir treffen. Ich habe Gedächtnislücken und hoffe nur, dass die Verletzung das einzig Peinliche ist. Beim gemütlichen Kaffee stellt sich schon bald eine angenehme Atmosphäre ein. Zwar brummt mein Kopf, da es aber angeblich hilft, Übel mit Übel zu bekämpfen, bestelle ich nach dem Kaffee gleich eine Flasche Wein. Wenige Stunden später bin ich erneut nicht mehr fähig, mit dem Auto zu fahren. Ich schlage einen Ortswechsel vor. Wir fahren mit dem Taxi in die nächste Kneipe. So charmant er auch mit mir sein kann, mit der Taxifahrerin ist er es nicht. Innerhalb weniger Minuten schießt er sich selbst ins Aus. Findet er das etwa auch noch lustig? Will er mir damit imponieren? Ich verstehe den Humor nicht oder besser gesagt will ihn nicht verstehen. Die Kurve fällt gerade rapide ab. Der nächste Tag ist dementsprechend abgekühlt und ich versuche meine Gedanken in Worte zu fassen.

30. April 2013

Lia: Guten Morgen, tut mir leid, aber diese Art von Humor verstehe ich nicht, und ich finde, du bist zu weit gegangen.

Ben: Es tut mir leid. Irgendwie bin ich sehr traurig und kann nicht einmal genau sagen, warum.

Lia: Bis auf gestern waren es im Grunde ganz lustige Tage. Mach dir jetzt keinen Kopf. Traurigkeit ist ganz normal und auch gut. Wird sicherlich nicht nur am gestrigen Abend liegen.

Ben: Ich wüsste halt gerne die Gründe.

Lia: Geduld. Du wirst es noch einordnen können.

Ben: Da ich so viel unterwegs bin, muss ich das wohl mit mir selbst ausmachen.

Lia: Natürlich liegt die Hauptarbeit bei dir, aber es werden dir immer wieder Menschen gesendet, die dich dabei unterstützen. Vielleicht bin ich auch einer davon.

Ben: Schätze, ich bin blind.

Lia: Nein, nur zu kopflastig und ungeduldig.

Ben: Meinst du? Ich hoffe, das bekomm ich mal hin. Mir fehlt einfach eine echte Stütze.

Mal abgesehen davon, wie das gestern gelaufen ist, möchte ich dir sagen, dass es mich sehr gefreut hat, dich kennenzulernen. Du hast jetzt schon mein Leben bereichert. Dafür danke ich dir.

Ich habe sein Leben bereichert? Das ging aber schnell. Wäre ich doch bloß für jeden anderen auch eine Bereicherung! Das Thema Ben ist trotzdem vorerst durch. Ein konstruiertes Phantombild wird gelöscht. Irgendwie macht es mich traurig. Was will ich genau? Ein Fehler, und schon ist alles gelaufen. Was genau brauche ich, wenn ein erfolgreicher, gebildeter, gutaussehender Mann sich keinen Fehler erlauben darf? Mehr kann ich doch nicht wollen. Den wirklichen Grund kenne ich längst. Er hat einfach zu viele Ähnlichkeiten mit meinem Ex. Das ist das Problem. Dann habe ich also nichts gelernt. Ich will doch nicht vom Regen in die Traufe. Wenn ich diese Tür endlich schließe, kann erst die nächste aufgehen. Vielleicht dann die Tür zum wirklichen Glück. Meine Verletzung an der Hand spricht doch auch für sich: Finger weg von diesem Mann! Nach ein paar Tagen habe ich immer noch Schmerzen. Vielleicht sollte ich doch zum Arzt. Keine besonders gute Idee, da dieser mich gleich ins Krankenhaus einweist. Als ich endlich aufgerufen werde, schickt man mich sofort zum Röntgen. Es sind noch Scherben drin, also aufschneiden. Aufschneiden? Niemals. Als ich einige Minuten später wieder aufgerufen werde, empfängt mich ein gutaussehender junger Arzt. Von dem lasse ich mich vielleicht doch aufschneiden. Die Wartestunden haben sich gelohnt. Doch ich werde gleich in die nächste Abteilung zum Nähen geschickt. Na ja, immerhin ein kurzer, netter Anblick für die lange Wartezeit. War das alles ein Zeichen, dass ich endlich die Finger von Männern lassen soll? Oder nur von Ben? Ich habe keine Zeit, darüber nachzudenken, da ich schon Joggen mit dem einen und einen gemütlichen Drink mit einem anderen ausgemacht habe. Ein nettes Programm, aber Interesse habe ich an keinem. Vielleicht kann ich ein paar männliche Freunde für mich gewinnen, ohne sexuelle Absichten zu haben. Ich dachte falsch. Schon am nächsten Tag schreibt einer der beiden, dass er den ganzen Tag an mich denken muss und wissen will, wie es jetzt weitergeht. Wie soll es denn weitergehen? Es hat doch überhaupt nichts begonnen!

Ich verdaue endlich meine Verletzungen und sehe nicht mehr in jedem gleich einen potentiellen Partner. Allerdings fange ich auch wieder an zu analysieren und schon die geringsten Fehler zu bemerken. Dabei habe ich selber die meisten. Vielleicht sollte ich einsehen, dass ich erst an mir arbeiten muss. Ich bin noch nicht bereit. Es passt kein Mann in meine Pläne. Trotzdem wage ich noch einen Test, denn wegen eines kleinen Fehlers darf ich die Türe nicht schließen. Das ist unfair. Wie viele Fehler habe ich schon begangen… Gerade bei den ersten Dates ist man oft nervös. Da können die unmöglichsten Dinge passieren.

Mai 2013
Lia: Warum gibt es eigentlich keine Flatrate für die Liebe?
Ben: Gab es früher. Ich habe einmal eine Dokumentation über ein Flatrate-Puff in Deutschland gesehen. Wurde aber geschlossen, aber das meinst du wohl nicht. Mal im Ernst. Ich finde, dass es auch gut so ist. Alles, was im Überfluss vorhanden ist, wissen Menschen nach einer Zeit nicht mehr zu schätzen. Liebe sollte das Wichtigste im Leben sein.

Das ist nicht die Antwort, die ich hören will. Zumindest nicht die erste. Er denkt an ein Flatrate-Puff? Auch wenn es ironisch gemeint war: Steckt nicht in jeder Ironie auch Wahrheit?

Am gleichen Tag
Ben: Wie kommst du überhaupt darauf?

Was ist das für eine Frage? Ich komme den lieben langen Tag auf so viele Gedanken. Ich würde eine halbe Stunde brauchen, um zu erklären, wie ich auf diese Frage gekommen bin. Spontane Gedanken lassen sich nicht erklären. Das ist viel zu kompliziert.

15. Mai 2013

Lia: Hast du mich eigentlich schon in eine Schublade gesteckt?
Du bist bei mir in der Kiste mit den sehr interessanten Persönlichkeiten gelandet. Wie geht es dir?
Marlo: Hi, hab erst gestern an dich gedacht. Witzig. Ganz gut so weit. Und dir?
Lia: Erst gestern? Schön für dich! Mir kommst du „leider" ziemlich oft in den Sinn. Meistens wenn ich ein sinnloses Date hinter mir habe.
Marlo: Zuletzt gestern heißt grundsätzlich häufiger.
Lia: Grundsätzlich häufiger? Schon gut. Das wollte ich hören.
Woran denkst du so, wenn du an mich denkst?
Marlo: Ich schreibe es mir nicht auf. Gestern ganz neutral. Wie es dir wohl geht und dass du schon lang nichts mehr von dir hören lassen hast.
Lia: Warum schreib ich dann immer als Erste? Das kratzt an meinem Ego. Verstehe, dein Handy kann wohl nur zurückschreiben.
Marlo: Meistens schon. Das kratzt schon an deinem Ego?
Lia: Klar. Für gewöhnlich ist das Verhältnis ausgewogen. Wenn jemand nichts mehr hören lässt, kann das alles heißen!
Marlo: Stimmt.
Lia: Würde mich freuen, wenn du grundsätzlich wei-

terhin häufiger an mich denkst. Ich hüpf jetzt unter die Dusche. Schlaf gut.

Marlo: Viel Spaß beim Duschen.

Lia: Danke, zu zweit macht es mehr Spaß.

Marlo: War das eine allgemeine Feststellung?

Lia: Gute Nacht.

Marlo: Immer wenn es interessant wird.

Wann weiß ich endlich, welches Spiel er spielt?

Er spricht in Rätseln. Bin ich wirklich interessant für ihn, oder sind das nur Floskeln? Vielleicht braucht er auch einfach Unterhaltung. Ich habe mich endlich für ein paar Kurse angemeldet und während der restlichen Zeit halten mich meine Freundinnen auf Trab. Auch in der Arbeit ist sehr viel zu tun. Somit habe ich weniger Zeit zum Nachdenken. Meistens komme ich erst spät aus der Arbeit heim und gehe gleich zum Sport oder auf einen Drink. Danach falle ich ins Bett.

15. Mai 2013

Ben: Gibt es dich noch?

Lia: Ja. Wie geht es dir?

Ben: So weit ganz gut. War heute am Seefest.

Lia: Hört sich gut an. Bei mir ist nicht wirklich was los.

Ben: Dann musst du hierherkommen.

Lia: Hab keine Zeit. Ist gerade ziemlich viel los in der Arbeit.

Ben: Ich habe so das Gefühl, dass es dir nicht gut geht. Ich hoffe mich zu täuschen.

Lia: Könnte sein.

Ben: Was ist denn los?

Lia: Kann ich dir auch nicht so genau sagen.

Ben: Du bist so ein toller Mensch! Wenn dich was bedrückt, ich habe ein offenes Ohr.
Lia: Danke.
Ben: Gerne.

Das sind genau die Worte, die ich hören will, aber nicht von Ben, sondern von Marlo. Warum kann er sich nicht um mich sorgen? Da ist es umgekehrt. Ich sorge mich ständig um ihn. Warum kann ich keine Gefühle für Ben entwickeln? Warum endet es trotz anfänglicher Begeisterung in so schneller Ernüchterung? Was ist nur so anders an Marlo? Was ist so besonders? Ich bin frustriert. Nicht einmal über meine verlorenen Kilos kann ich mich noch freuen. Die sind bald wieder durch Frustessen drauf. Auch die vielen Termine haben nicht mehr den erwünschten Effekt. Ich vergrabe mich lieber in meinen vier Wänden und grüble. Nachts kann ich nicht schlafen und verfalle erneut in Selbstmitleid.

16. Mai 2013

Marlo: Ich wünsche dir einen schönen Tag!
Lia: Wünsche ich dir auch!

Eine kurze SMS, und schon verbessert sich meine Verfassung. An der Ungewissheit änderte sich dennoch nichts. Ich will nicht, dass alles wieder von vorn losgeht. Zumindest nicht so sporadisch und distanziert wie bisher. Ich habe das ewige Hin und Her satt. Bloß nicht grübeln. Annehmen und darüber freuen, dass er an mich denkt. Immerhin schon ein Fortschritt. Er hat sich gemeldet; und wenn er mir auch nur einen schönen Tag wünscht.

Mal sehen, wie lange es dauert, bis er wieder schreibt.

Wie dumm bin ich eigentlich? Ich muss sofort aus der Warteschleife. Ich habe völlig die Kontrolle verloren. Genau das Gleiche mache ich auch mit Typen, die ich warmhalten will. Zumindest machte ich das früher. Jetzt darf das nicht mehr passieren. Das ist einfach nur mies. Oder tue ich es doch? Was ist mit Ben? Halte ich den nicht genauso warm?

16. Mai 2013
Ben: Hast du dir eigentlich wegen dieses Wochenendes schon Gedanken gemacht?
Lia: Bin gerade im Krankenhaus. Danach muss ich gleich in die Arbeit. Konnte mir also noch keine Gedanken machen.

Das ist nicht gelogen, denn ich bin wirklich schon wieder im Krankenhaus. Da probiere ich einmal eine neue Sportart aus, und schon verstauche ich mir den Knöchel. Ich finde es nicht schlimm, hier zu sein, denn möglicherweise ist der hübsche Arzt wieder da. Diesmal ist es leider eine Ärztin, allerdings auch eine schöne. Arbeiten hier nur attraktive Menschen? Wahrscheinlich ist der hübsche Arzt mit der ebenso hübschen Ärztin zusammen. Mein Fuß ist nur verstaucht, nicht gebrochen. Genügt ja, dass mein Herz gebrochen ist. Das dauert wesentlich länger, um wieder zu heilen.

16. Mai 2013
Ben: Hoffe, es ist nichts Schlimmes.
Lia: Nein, nur der Fuß, aber weiß nicht, ob ich am Wochenende viel machen kann.
Ben: Wir werden nicht viel gehen.

Lia: Hättest du einen Ersatz?

Ben: Nein, es gibt keinen Ersatz.

Lia: Wie wäre der genaue Plan?

Ben: Wie besprochen.

Was hast du denn eigentlich genau? Geht es dir gut? Gib mir bitte Bescheid, denn ich will dem Gastgeber nur ungern so kurzfristig absagen.

Lia: Du hast einen guten Plan und solltest diesen ausführen. Mein Plan sieht anders aus. Daher werde ich nicht mitkommen. Viel Spaß und eine erfolgreiche Woche noch.

Ben: Okay. Alles klar. Aber wieso schreibst du die Absage auf diese Art und Weise? Bist du sauer oder was ist los?

Ich hätte mich gefreut, wenn du mitgekommen wärst. Aber vielleicht gibt es eine andere Gelegenheit.

Überleg es dir noch einmal. Ich denke, du kannst Spaß gebrauchen.

Kaum zu glauben. Nach so einer miesen SMS bekomme ich noch eine Einladung? Langsam dämmert es mir. Je gemeiner ich bin, desto mehr kriechen die Männer an. Was ist das für eine Welt? Ich will doch gar nicht so sein. Aber anscheinend fährt man damit am besten. Ich will mir das trotzdem nicht antun. Sofortige Funkstille, und zwar mit allen. Einfach nicht mehr zurückschreiben! Das habe ich nicht nötig. Auch Marlo kann mir gestohlen bleiben. Der macht das Gleiche mit mir und ich habe mir das schon viel zu lange gefallen lassen.

Endlich ein Neubeginn

17. Mai 2013
Marlo: Unglaublich, was Sonnenschein bewirkt, oder?

Unglaublich, dass er anfängt zu schreiben. Was soll ich jetzt machen? Ich will doch eigentlich nicht mehr schreiben. Was bringt das? Ist er nur an Freundschaft interessiert? Will er mich warmhalten? Er braucht doch immer ein Ziel. Welches Ziel verfolgt er mit mir? Die Woche neigt sich dem Ende. Am Wochenende habe ich etwas mit Ben ausgemacht. Allen guten Vorsätzen zum Trotz. Soll er seine zweite Chance erhalten. Wenn ich einen Fehler mache, erhalte ich zwar selten eine zweite Gelegenheit, diesen wiedergutzumachen, aber bei anderen will ich mal nicht so sein. Schließlich wünsche ich mir das auch für mich. Fehler sind dazu da, um daraus zu lernen. Mal sehen, ob er die Chance nutzt. Wenn nicht, ist das Thema erledigt. Die Frage ist nur, wie er sie nutzen wird. Und ob es nicht ohnehin schon erledigt ist.

18. Mai 2013
Ben: Sind vorher noch bei Freunden zum Grillen eingeladen. Wäre das in Ordnung?
Lia: Ja, ist in Ordnung.

Das kann ein Wochenende werden. Ich bin überhaupt nicht in Stimmung, aber ein Tapetenwechsel schadet nicht. Ob sich allerdings die lange Anreise dafür lohnt? Trotzdem kann ich es nicht lassen, Marlo zu antworten.

Lia: Anscheinend auch bei dir!
Marlo: Offensichtlich …

Das war es dann wieder für die nächsten Tage, Wochen oder vielleicht sogar Monate. Ich will mir keine Gedanken mehr darüber machen. Das Skurrile an dem geplanten Wochenende mit Ben ist, dass ich für seine Exfreundin einspringe, damit das gebuchte Paket nicht verfällt. Ist ja schließlich alles bezahlt. Warum verfallen lassen? Es gibt doch Ersatz. Trotzdem traurig, dass ich nur Ersatz bin. Noch dazu mit einem anderen Pärchen, das ich nicht kenne. Das aber seine Ex kennt. „Freut mich, euch kennenzulernen, ich bin der Ersatz." Zumindest bin ich spontan und die spontanen Dinge sind oft die besten. Ich lasse mich also darauf ein. Gegen ein lustiges Wochenende ist nichts einzuwenden. Ein Haken ist nur, dass keine Einzelzimmer gebucht sind. Irgendwie komisch, nach so langer Zeit wieder neben einem Mann zu schlafen. Gerade wenn man sich noch nicht so gut kennt. Ich hoffe, er hat nicht die Absicht, das auszunutzen. Klar, dass ich die halbe Nacht wach liege. Als ich es nicht mehr aushalte, stehe ich auf, um mir die Stadt anzusehen. Ben schläft noch. Es sieht wie eine Flucht aus, aber das ist mir egal. Ich muss hier raus. Für mich ist klar, dass sich daraus nicht mehr entwickeln kann. Fühlte ich mich total zu Ben hingezogen, würde ich auf keinen Fall das Bett verlassen. Alles fühlt sich komisch an, aber warum? Kann man nicht einfach mit jemandem gemütlich im Bett schlafen? Mit einem Freund geht das doch auch. Den kennt man allerdings schon länger. Wie blöd kann ich sein und davon ausgehen, dass Ben nur ein lustiges Wochenende mit mir verbringen will, ohne jegliche Hintergedanken? Gibt es überhaupt einen solchen Mann? Jedenfalls sieht es nicht danach aus, als wäre ich für ihn nur eine nette Bekanntschaft. Dafür macht er zu viele Komplimente und Annäherungsversuche. Das hat mit Freundschaft nicht mehr viel zu tun. Auch mein ausgeprägtes Suchtverhalten in Bezug auf Alkohol macht mir langsam Sorgen. Wer will so eine Frau überhaupt haben? Mein Handy klingelt. Es ist Ben. „Wo bist du? Warum sagst du denn nichts? Wir hätten gemeinsam losziehen können." „Ich hatte schon solchen Hunger und sitze im Kaffeehaus neben dem Hotel." „In Ordnung, ich komme runter." Wir frühstücken gemeinsam und ich erkläre ihm, dass ich entweder noch nicht so weit bin oder nicht mehr aus unserer Beziehung werden kann. Woran es genau liegt, weiß ich selbst nicht. Er schlägt vor, den Kontakt dennoch nicht abzubrechen. Mir ist etwas leichter und ich trete die Heimreise an. Schon das Wochenende danach bin ich auf der Hochzeit meiner Kollegin. Eine Hochzeit ohne Alkohol ist fast unmöglich, obwohl ich mir vorgenommen habe, einmal nicht zu trinken. Ich liebe Hochzeiten. Aber ich kann mich nicht erinnern, jemals ohne Partner auf einer gewesen zu sein, außer als Kind. Trotzdem wollte ich nie selbst heiraten. Ich bin der Meinung, dass es nicht unbedingt nötig ist. Auch mit Romantik haben die meisten Hochzeiten, die ich besuche, nicht viel zu tun. Die Brautleute haben den größten Stress. Sie kommen gar nicht dazu, romantisch zu sein. Ausgerechnet auf meiner ersten Single-Hochzeit muss ich in der Kirche heulen. Was ist bloß los mit mir? Ich kann mir nun sogar vorstellen, selbst zu heiraten. Ich finde alles so wahnsinnig romantisch. Vielleicht gerade deshalb, weil es in weite Ferne gerückt ist. Da kann man sich viel leichter etwas vorstellen. Ich könnte mich ohrfeigen.

Als Single-Frau werde ich öfter zum Tanz gebeten und lande prompt mit einem Jüngling an der Bar. Für eine unverbindliche Knutscherei erfüllt er seinen Zweck. Mehr ist nicht zu erwarten und mehr will ich auch nicht. Ich möchte auch nicht wegen Verführung Minderjähriger angezeigt werden. Vielleicht ist die Zeit noch nicht reif für etwas Ernstes, und ich muss mir doch erst die Hörner abstoßen. Wer sagt denn, dass das Männersache ist? Vielleicht genügt es aber auch, mit mir selbst glücklich zu sein. Vielleicht brauche ich keinen Menschen, der mich komplett macht. Ich bin bereits komplett. Das ist eine wichtige Erkenntnis. Alle Bens, Marlos und sonstigen Männer können mir das nicht geben. Ich muss irgendwann mit mir selbst zufrieden sein. Das ist mein neues Ziel. Noch am selben Abend wird mein neu gefasster Optimismus wieder zerstört. Die Gruppe der Singles zieht weiter zu einem Bierzelt in der Nähe. Ich bin zurückversetzt in Teenagerzeiten und ziehe mit. Da ich durch den beträchtlichen Alkoholeinfluss nicht mehr ganz bei Sinnen bin, verliere ich im Zelt Jacke und Schmuck. Bei der Menschenmenge gibt es keine Chance, die Sachen wiederzufinden. Ich habe keine Lust mehr und rufe mir ein Taxi. Auf dem Weg dorthin treffe ich meinen Jüngling wieder. Ich will mich an ihm wärmen, da mir ohne Jacke ziemlich kalt ist. Er muss jedoch bereits eine andere Dame wärmen – die gutaussehende junge Frau, die neben ihm steht und mich mit finsteren Augen ansieht. Mist, wie peinlich. Damit ist das auch geklärt. Wenigstens muss ich mir nicht mehr den Kopf zerbrechen, wie ich ihm sage, dass er mir zu jung ist. Das hat sich erledigt. Allerdings sehr schlecht für mein Selbstbewusstsein. Ich werde nicht gerne abgeschoben. Schon gar nicht so schnell. Benutzt hat er mich wahrscheinlich, um vor seinen Freunden zu prahlen, dass er die Alte noch rumkriegt. Eine Stunde später ist man dann schon gegen ein jüngeres Exemplar ausgetauscht worden. Fühlt sich prächtig an. So läuft das wohl heutzutage. Die Mädels tun mir leid.

5. Juni 2013
Marlo: Lebst du noch?

8. Juni 2013
Marlo: Zwei Haken lassen ein Ja vermuten! :)
Lia: Ja, vermutlich. Geht es dir gut?
Marlo: Ja, und dir? Alles gut?
Lia: Alles gut!
Dann wäre das geklärt, oder?
Marlo: Nicht abschließend. Du scheinst nicht sehr gesprächig zu sein.
Lia: Manchmal verschlägt es mir die Sprache bei dir.
Marlo: Manchmal? Dann kannst du doch trotzdem schreiben.
Lia: Wem sagst du das? Das könntest du auch.
Direkte Begegnungen machen das Leben aber lebenswerter.
Marlo: Ganz meine Meinung.
Lia: Davon bemerke ich nichts.
Marlo: Wenn du nicht antwortest …

Lia: Okay, ich nehm den schwarzen Peter.
Marlo: Echt? Ohne Widerspruch?
Lia: Das ist deins. Ich bin harmonieliebender.
Marlo: Ach so. Hmm …
Dann sollten wir uns vielleicht doch mal wieder auf einen Kaffee treffen.
Lia: Willst du es schon riskieren? Ist ja erst Juni.
Marlo: Schon?
Lia: Kaffee hört sich gut an. Ob wir einen Termin finden werden?
Marlo: Mit Bemühen.
Lia: Deinerseits?
Marlo: Beiderseits.
Lia: Das ist ein Wort.
Noch im Juni?
Marlo: Ja!
Lia: Sag einfach Bescheid. Bin ja auf der spontaneren Seite.

11. Juni 2013
Lia: Würdest du immer noch mit mir zu einer Veranstaltung fahren wollen?
Marlo: Klar, ins Musical Elisabeth. Ich mache keine Witze bei ‚Elisabeth'!
Lia: Bei Lia auch nicht?
Marlo: Ich meinte das Musical.
In diesem Fall auch nicht bei Lia.
Lia: Ich weiß doch, dass du das Musical meintest.
Marlo: Wann genau?
Lia: Geht doch nicht mehr im Juni.
Marlo: Warum?
Lia: Sommerpause.

Marlo: Gut. Dachte schon, die hören auf.
Lia: Geht es dir gut?
Marlo: Ja.
Lia: Schön.
Marlo: Allerdings.

12. Juni 2013

Marlo: Das war ernst gemeint.
Lia: Dass du dich besser fühlst? Klar, bei sowas macht man keine Witze. Wünsch dir einen schönen guten Morgen.
Hattest du dich eigentlich schon gesorgt oder war das „Lebst du noch?" auf mein Nichtantworten bezogen?
Marlo: Zweites.
Lia: Dann ist es ja gut.
Marlo: Warst du betroffen?
Lia: Nein. Zum Glück nicht.

13. Juni 2013

Lia: Hab den Mund zu voll genommen. Bin nicht so spontan im Juni. Könntest du mir sagen, wann du gern auf einen Kaffee gehen möchtest? Danke.

14. Juni 2013

Marlo: Tolles Profilbild.
Lia: Danke!
Wusste nicht, dass auch Komplimente in deinem Wortschatz vorkommen.

15. Juni 2013

Marlo: Guten Morgen
Lia: Guten Morgen

16. Juni 2013

Lia: Gute Nacht.

Marlo: Ich scheine beim Schlafengehen häufig ein Gedanke zu sein bei dir?

Lia: Ab und an.

Marlo: Ach so. Dachte, es wäre regelmäßig.

Lia: Hmm. Was würdest du hören wollen?

Marlo: So wie es ist.

Lia: Für deinen Selbstwert oder weil es dich wirklich interessiert?

Marlo: Man antwortet nicht mit einer Gegenfrage. Weil es mich interessiert.

Ja?

Lia: Wer bestimmt, was man tut und was nicht? Ich halte mich nicht zwingend daran. Also?

Marlo: Ich habe zuerst gefragt.

Lia: Ich möchte folglich zuerst eine Antwort.

Marlo: Das ist nicht logisch, also nicht folglich.

Lia: Muss immer alles logisch sein?

Marlo: Nein, aber wenn du von folglich sprichst.

Lia: Jetzt werde ich langsam sauer.

Marlo: Tut mir leid.

Lia: Schon gut.

Marlo: Also?

Lia: Es ist öfter als ab und an. Zufrieden?

Marlo: War das jetzt schwer zu sagen?

Lia: Ja!

Marlo: Weil?

Lia: Weil ich es nicht will.

Marlo: Das ist kein Grund.

Lia: Du hast mir noch nicht geantwortet und stellst schon weiter Fragen.

Marlo: Wie war nochmal die Frage?

Lia: Wie häufig ich vor dem Schlafengehen in deinen Gedanken bin.

Marlo: Ja, klar. Ich meinte ja auch die Frage an mich.

Lia: Das ist die Frage.

Marlo: Ach so. Gelegentlich.

Lia: Das ist der Grund, warum ich es nicht will. Schlaf gut!

Marlo: Hey. So war das nicht gemeint.
Gute Nacht.

Lia: Wie dann?
Schreiben lässt einfach zu viel Spielraum für eigene Interpretationen. Es ist, wie es ist. Schwamm drüber.
Gute Nacht!

Lia: Der wahre Grund ist, dass ich es nicht will, weil ich schon so gut loslassen konnte und die Zeit und diverse Therapien es ermöglichten, dass es mir besser geht. Trotzdem habe ich noch immer Angst, wieder jemanden gern zu haben, und daher will ich auch nicht öfter an dich denken, damit es nicht so weit kommt. Kurzform: Ich bin zu feige. Gute Nacht!

Lia: Jetzt kann ich nicht schlafen!

17. Juni 2013

Marlo: Guten Morgen!

Lia: Guten Morgen!

Marlo: Hoffe, ich war nicht der Grund für deine Schlaflosigkeit?!

Lia: Hab noch Besprechung in der Arbeit. Antwort folgt…

Marlo: Ja?
Lia: Gute Nacht!
Marlo: Wie bitte, dachte die Antwort folgt?
Lia: Ach ja! Du warst nicht der einzige Grund, aber hast sicherlich auch etwas mitgemischt.
Marlo: Na Gott sei Dank!
Gute Nacht!

18. Juni 2013
Marlo: Guten Morgen!
Lia: Ich ziehe um und kann mich nicht entscheiden, welche Wohnung ich nehmen soll.
Marlo: Hast du schon eine?
Lia: Zwei. Eine in der Stadt und eine am Land.
Marlo: Ich dachte, du ziehst in meine Stadt?
Lia: Was sollte mich dorthin führen?
Marlo: Nette Menschen.
Lia: Die gibt es hier auch! Da muss schon mehr sein, um mich hinzuziehen.
Marlo: So nette Menschen gibt es da? Kaum zu glauben.
Lia: Ja, nett, aber nett reicht mir nicht.
Marlo: Was dann?
Lia: Ich habe einen guten Job und Entwicklungschancen. Die Menschen sind offen und sympathisch. Was soll ich woanders?
Marlo: Das müsstest du selbst wissen.
Lia: Was würde dich denn in eine andere Stadt ziehen?
Marlo: Freundin.
Lia: Echt? Du würdest aus deiner geliebten Heimat weggehen?
Marlo: Grundsätzlich schon.
Kommt ja immer auf die berufliche Situation an.

Lia: Wenn man gut ist, kann man überall arbeiten.

Marlo: In meinem Sektor nicht.

Lia: Verstehe.

Marlo: Ja, leider.

Lia: Bei mir weniger. Ich brauche nur ein gutes Klima und Herzblut. Warum schreiben wir eigentlich darüber? Was wäre, wenn ich in der nächsten Zeit in deine Stadt käme? Was nicht möglich ist, da mein Vertrag hier noch länger läuft.

Marlo: Hmm. Ich überlege.

19. Juni 2013

Lia: Guten Morgen! Überlegst du noch? Ich werde bald ein paar Wochen weg sein. Falls du Lust hast, könnten wir am Wochenende zu Elisabeth. Geht allerdings nur dieses Wochenende.

Marlo: Dieses Wochenende schon?
Eigentlich gute Idee. Muss mal schauen, habe schon eine Bergtour ausgemacht.

Lia: Meine Freunde sind verständnisvoll. Aber vielleicht sollte ich einfach mal auf sie hören.

Marlo: Was sagen sie?

Lia: Kennen dich ja nicht, aber spricht auch nicht für dich.

Marlo: Echt? Obwohl ich so ein netter Mensch bin!

Lia: Versteh ich auch nicht.

Marlo: Was sagen sie denn?

Lia: Dass du versuchst, mich um den Finger zu wickeln, und nicht viel dahintersteckt.

Marlo: Als ob ich Mädels um den Finger wickeln könnte.

Lia: Mich normal nicht.

Marlo: Hab ich mir auch nie angemaßt.

Lia: Was maßt du dir dann an?

Marlo: Jedenfalls nicht, dass ich dich um den Finger wickeln könnte.
Lia: Ach so ist das!
Marlo: Wie?
Lia: Warum glaub ich dir das?
Marlo: Tust du das?
Lia: Bis jetzt ja!
Marlo: War mir nicht bewusst.
Lia: Soll bedeuten?
Marlo: Dass mir das nicht bewusst war.
Lia: Bekomm ich noch eine Antwort auf meine Frage?
Marlo: Wegen Wochenende?
Lia: Nein, was wäre, wenn ich wirklich in deine Stadt ziehen würde?
Marlo: Wäre doch toll, oder? Dann würde man sich auch öfter sehen.
Lia: Das hängt sicher nicht vom Wohnort ab.
Marlo: Sondern?
Lia: Ob man sich sehen will!
Marlo: Stimmt. Aber wäre leichter.
Lia: Leichter ist nicht immer besser.
Marlo: Stimmt.
Gute Nacht.

20. Juli 2013
Lia: Guten Morgen!

21. Juni 2013
Marlo: Irgendwie kommt unsere Kommunikation von Zeit zu Zeit etwas ins Stocken.

22. Juni 2013

Lia: Worte da und Worte hier. Kannst du nur schreiben mit mir?

Hundert Worte sind doch lange nicht so viel wert wie ein Kuss. Schönen Tag.

Marlo: Warum liegt das eigentlich an mir?

Ich fahr jetzt in die Therme. Schönen Tag.

Lia: Welche Therme? Ich fahr in die Stadt.

Und ja, ich finde schon, dass es großteils an dir liegt, denn ich habe des Öfteren versucht, mich mit dir zu treffen, aber meistens hattest du etwas Besseres vor. Entspann dich gut!

Marlo: Ganz so ist es auch nicht.

22. Juni 2013 um 22:00 Uhr

Lia: Gut erholt?

Marlo: Sehr, ja. Wie Urlaub.

Lia: Schön. Brauch auch ein bisschen Urlaub.

Marlo: Hättest ja mitkommen können.

Lia: Wurde nicht eingeladen. Warst ja beleidigt.

Marlo: Hab ja kundgetan, wo ich bin.

Lia: Ah, habe ich aber auch!

Marlo: Hinterher dann.

Lia: Ach so, dann gab es also nur Verständnisschwierigkeiten. Dann kannst ja noch kommen.

Marlo: Bin gerade erst heimgekommen.

Lia: Habe ich mir schon gedacht.

Marlo: Beleidigt?

Lia: Nein, schon ziemlich abgestumpft. Berührt mich nicht.

Wir streiten jetzt nicht, oder?

Tut mir leid, ist wohl der Mond.

23. Juni 2013

Lia: Ich hoffe, du nimmst die Entschuldigung an. Bin momentan nicht so gut gelaunt, weil ich enttäuscht worden bin von einem Freund. Wollte das nicht an dir auslassen.
Geh jetzt auf die Alm und komme Mittag wieder.
Marlo: In Ordnung. Sind wir wieder gut?
Lia: Ja!

Je mehr ich den Gedanken loslasse, dass es jetzt so wichtig ist, ihn zu treffen, desto mehr Männer begegnen mir, die wirkliches Interesse zeigen. Ich bin zwar bei einigen gleich abgeneigt, aber das erinnert mich an die Anfänge mit Marlo. Es sah anfangs auch nicht so aus, als könnte ich jemals Interesse an ihm haben. Ich stelle also wieder einmal meine Lieblingsfrage: „Warum gibt es keine Flatrate für die Liebe?"

Die Antworten sind verblüffend unterschiedlich, aber sie charakterisieren die einzelnen Personen ziemlich genau. Es ist keine Antwort dabei, die mir gefällt. Auch Philipp, den ich vor kurzer Zeit auf einem Volksfest kennengelernt habe, kann mit der Frage nur wenig anfangen. Er denkt gleich, dass sie für ihn nichts Gutes zu bedeuten hat. Außerdem will er wissen, wofür ich denn eine Flatrate brauche. Aber falls ich eine bräuchte, wäre er der richtige Anbieter dafür. Auch nicht viel besser als Bens Bordell-Antwort. Die Antwort von Flo finde ich gar nicht so schlecht: Eine Flatrate ist zu billig, und das trifft für die Liebe niemals zu. Außerdem wäre es doof, wenn nach 24 Monaten der Vertrag ausläuft. Trotzdem hat niemand meine Frage wirklich verstanden. Ich habe meine Antwort bereits konstruiert und jetzt passt es mir nicht, wenn jeder anders denkt. Das ist typisch für mich. Soll ich Marlo auch fragen? Kann er mir die passende Antwort liefern? Erwarte ich einfach zu viel? Ich wage es und schreibe wieder mal als Erste.

24. Juni 2013
Lia: Warum gibt es keine Flatrate für die Liebe?
Marlo: Die gibt es doch. Aber nur im richtigen Netz.

Warum muss er immer die passenden Worte finden? Schon wieder hat er mich um den Finger gewickelt; oder lasse ich mich einfach nur um den Finger wickeln und es ist egal, was er schreibt, weil ich einfach nur etwas von ihm lesen will?

Lia: Ich sollte auf die Meinung einer Freundin hören.
Marlo: Was soll ich dazu sagen?
Lia: Hmm.
Marlo: ?
Lia: Ich überleg noch.
Marlo: Immer noch?
Lia: Wie blöd war ich eigentlich, mich nochmal so verletzen und warmhalten zu lassen?
Marlo: Hä? Von mir?
Lia: Ja!
Marlo: Ich habe doch gar nichts gemacht!
Das finde ich gerade nicht fair! Hab nichts gemacht und du wirfst mir sowas vor.
Lia: Ganz genau. Du machst nichts!
Ich habe für dich wenig Wertigkeit, wenn wir es nicht

schaffen, einen Kaffee zu trinken und zu quatschen.
Das schaffe ich mit jeder Freundin einmal im Monat. Da
kommt es auch nicht auf die Entfernung an. Tut mir leid,
wenn ich unfair bin, aber das muss jetzt einmal gesagt
werden.
Marlo: Ja, das ist unfair.

26. Juni 2013
Lia: Guten Morgen. Du hast recht, ich bin unfair, aber
hauptsächlich mit mir selbst. Ich weise alle zurück, die
mich wirklich mögen, nur weil ich glaube, dass ich noch
nicht so weit bin. Vielleicht sollte ich dem Nächsten eine
Chance geben und den Verstand einfach einmal ausschalten. Das wäre fair, denke ich. Schönen Tag.

27. Juni 2013
Lia: Bitte sag was!
Marlo: Sorry, ich finde ganz schön krass, was du so
schreibst.
Lia: Wahrscheinlich hast du recht. Tut mir leid. Ich
mache auch so meine Fehler, aber gewöhnlich nur
einmal, denn ich lerne ja draus. Kannst du es einfach
löschen? Mir hat es da sicher ein paar alte Dinge rauf-
geholt. Wollte das nicht an dir auslassen. Ist momentan
alles etwas viel.
War sehr unüberlegt und dumm. Vielleicht hast du recht
und ich bin erst in einigen Jahren beziehungsfähig.
Wird dann wohl im Juni nichts mehr werden.
Nimm Entenfedern, Löwenzahn und einen Löffel Leber-
tran. Sprich Hunke-Munke-Mops dabei und mische einen
dicken Brei. Schmier dir die Nasenspitze ein und lass alles
vergessen sein. Nimm es nicht ernst, was ich gesagt, ich

wünsche, ich hab dich nicht verjagt.

Könntest du nicht nochmal ein Auge zudrücken und mein Verhalten ignorieren, bitte?! Ich würde es schade finden, wenn dadurch die Kommunikation noch weiter ins Stocken gerät.

Marlo: Das fand (!) ich auch!

28. Juni 2013

Lia: Guten Morgen! Was bedeutet das jetzt? Bist du nachtragend?

Marlo: Das Gleiche wie zuvor. Ich finde es nicht gut, tut mir leid.

Lia: Okay, das muss ich akzeptieren. Aber weißt du, ich habe das in einem unüberlegten Moment geschrieben, und es kam einiges zusammen. Ich weiß, das ist keine Entschuldigung, aber du hast auch manchmal etwas geschrieben, was für mich nicht gut war, auch wenn es vielleicht nicht so ernst gemeint war. Ich dachte dennoch, mit viel Geduld und Respekt könnte ich mal hinter deine Mauer schauen. Schade, dass wir das so schnell aufgeben.

So schnell aufgeben ist gut. Wir schreiben mittlerweile über ein halbes Jahr sporadisch hin und her. Ist es jetzt so weit? Ist jetzt wirklich alles vorbei? Das macht mich traurig, aber irgendwie ist es auch erleichternd.

Je mehr ich mir darüber Gedanken mache, desto offensichtlicher erkenne ich meine Fehler. Ich mache genau das Gleiche bei Marlo, was viele Männer bei mir versuchen. Mit allen möglichen Mitteln die Aufmerksamkeit beim andern zu gewinnen. Aber er ignoriert mich oder weist mich zurück. Genauso wie ich die anderen ignoriere und zurückweise. Jetzt erst verstehe ich, wie sich das anfühlt. Es tut mir unheimlich leid. Wie anstrengend und schmerzlich muss das sein? Das alles nur, weil ich eine Mauer um mich aufbaue, um nicht verletzt zu werden. Auch wenn ein Mensch jahrelang an meiner Seite ist, kann er die Mauer nicht durchbrechen, wenn ich nicht selbst damit anfange. Jetzt erfahre ich einmal, wie es ist, wenn sich jemand so verschließt und ich nicht hinter seine Fassade blicken kann. So schmerzhaft diese Erkenntnis ist, so wichtig ist sie, um weiterzukommen. Ich bemerke jetzt auch, dass ich mein Glück immer noch von einem Mann abhängig mache, anstatt weiter an mir zu arbeiten. Jede Erfahrung, ob positiv oder negativ, bringt mich weiter und ich weiß, dass ich meine Fehler nicht länger ignorieren darf, sondern endlich daraus lernen muss. Die Zukunft ist zwar ungewiss, aber nur ich kann sie gestalten. Auch wenn ich jetzt erst einmal wieder aus meinem Loch herauskommen muss, ist es an der Zeit, zu erkennen, dass es besser ist, sein Leben selbst in die Hand zu nehmen und nicht von einer anderen Person abhängig zu machen. Egal in welcher Weise, ob finanziell oder emotional.

29. Juni 2013

Lia: Lieber Marlo, was ich geschrieben habe, kann ich nicht mehr rückgängig machen. Es war unfair, und vor allem brauche ich meinen Verstand nicht mehr auszu-schalten, denn das habe ich bei dieser Wortmeldung bereits getan. Das war sehr dumm. Was soll so ein Vergleich? Es wird immer solche und solche geben, die dieses oder jenes für mich/dich tun würden. Mit mei-nen angestrebten Zielen (Freund auf Augenhöhe oder bedingungslose Liebe) hat dies allerdings nichts zu tun. Vielleicht habe ich dir gerade deshalb so gerne geschrieben, weil ein Gefühl des Respekts und der Ehrlichkeit dabei war. Ich weiß, die letzten Nachrichten waren respektlos. Es war für mich einfach nur so schwierig, weil das Schreiben so viel Spielraum lässt, um zwischen den Zeilen zu lesen oder etwas falsch zu interpretieren. Für mich ist die „nonverbale Kommunikation" sehr wichtig und Körpersprache sagt oft viel mehr aus. Ich denke, wir waren beide, warum auch immer, nicht genug darum bemüht, diese nonverbale Kommunikation zu erleben. Meine Erwartungen (die man eigentlich nicht haben sollte) standen mir im Weg und vor allem habe ich damit genau die Rollenklischees erfüllt, die ich bei anderen kritisiere. Egal was die anderen sagen, für mich warst und bist du etwas Besonderes. Schönen Abend. Lia.

Nun weiß ich auch, woher meine Reiselust kommt. Ich fühle mich immer so frei und unbefangen, wenn ich unterwegs bin. Das bin ich auch, denn dabei stehe ich nicht im Schatten von jemandem oder laufe als Vorzeigepüppchen nebenher. Eine weitere Erkenntnis, die mir hilft, zu wissen, was ich mir unter einem erfüllten Leben vorstelle.

Es ist noch immer unklar, was die Zukunft bringt, aber ich weiß, dass alles im Leben einen Sinn hat und es manchmal eben länger dauert, diesen zu erkennen.

15. Juli 2013
Lia: Gehe heute auf den Berg und werde etwas für dich ins Gipfelbüchlein schreiben.

16. Juli 2013
Marlo: Was geschrieben?
Lia: Natürlich, habe ich ja gesagt.

18. Juli 2013
Lia: Dein Gebrabbel fehlt mir.
Marlo: Gebrabbel … so, so

Endlich Urlaub. Ein Tapetenwechsel ist angebracht. Leider habe ich gerade nicht die Kohle, um große Sprünge zu machen, aber am liebsten würde ich möglichst weit wegfliegen. Meine zahlreichen Kontakte, die sich über die Jahre angesammelt haben, sind leider zu oberflächlich, um einen Spontanbesuch zu machen. Genau zum richtigen Zeitpunkt meldet sich allerdings eine gute Bekannte aus Düsseldorf. Ich besuche sie. Es ist zwar nur ein paar Stunden entfernt, aber immerhin eine andere Stadt. Obwohl mittlerweile zehn Jahre seit unserem letzten Treffen vergangen sind, ist die Zeit wie stehen geblieben. Wir verstehen uns auf Anhieb blendend und verbringen lustige Tage. An das WG-Leben muss ich mich erst wieder gewöhnen, aber so bin ich nicht eine Minute allein. Aus der geplanten Mischung von Sightseeing und gemütlichem Quatschen werden nächtliche WG-Partys und ganztägige Schlaforgien.

Das Bett teilen wir uns meistens noch mit ein paar anderen Leuten und das geräuschvolle Sexleben der WG-Bewohner bleibt mir nicht erspart. Mir wird schmerzhaft bewusst, dass ich mittlerweile ein knappes Jahr keinen Sex mehr hatte. Trotzdem ergibt sich keine spontane Affäre.

Immer brav ist auch langweilig, oder? Ich lerne Thilo kennen, der sehr aufmerksam ist und mir gefällt. Er ist modebewusst, gepflegt und hat einen süßen Dialekt. Wir verabreden uns für den nächsten Tag zum Baden. Da weiß man gleich, was man hat. Der Tag verläuft sehr angenehm. Während der nächsten Tage schreiben und telefonieren wir viel.

Ein ganz normaler Start einer neuen Liaison, möchte man meinen. Ich reise allerdings bald wieder ab. Die Gespräche werden oberflächlicher und aus dem ‚angenehm' wird nicht mehr. Was hat das zu bedeuten? Ich kann doch nicht nach zwei Treffen alles hinschmeißen. Es hat noch nicht einmal richtig angefangen. Was soll ich denn schon wieder beenden? Trotzdem ersticke ich im Keim, was noch gar nicht richtig begonnen hat. Ich schütze mich aus Angst vor Neuem. Es ist ja möglich, dass es nur bei angenehm bleibt und sich nichts entwickelt, und dann stehe ich wieder doof da. Bevor ich das überhaupt herausfinde, ist es auch schon wieder vorbei. Da gibt es jemanden, der es ernst meint und obendrein noch klug, hübsch und bodenständig ist, und dann gebe ich ihm den Laufpass. Habe ich nichts gelernt? Laufe ich lieber weiter einem Phantom namens Marlo nach? Thilo gibt sich Mühe; und das wird mir zu viel. Das kann doch nicht wahr sein. Was ist nur los mit mir? Ich muss an die frische Luft. Ich laufe durch die Stadt und kenne mich nicht aus. Es ist bereits dunkel, und ich irre immer noch herum. Orientierungslos frage ich nach dem Sinn. Jetzt ist endlich der Punkt erreicht. So kann es nicht weitergehen. Ich will mich nicht mehr auf Marlo oder andere Männer konzentrieren, sondern auf mich und mein Leben. Müssen diese Exemplare immer dazwischenfunken? Endlich bin ich bei der WG angekommen. „Ich reise morgen ab." Thilos Augen sehen mich vorwurfsvoll und traurig an. „Hast du einen wichtigen Termin? Wann kann ich dich besuchen?" „Nein, und bitte nicht besuchen. Es war nur ein Urlaubsflirt." Unter Tränen packe ich meine Sachen und verlasse noch am selben Abend die Stadt. Es trifft mich mehr als gedacht. Habe ich doch Gefühle für ihn? Egal, je früher es endet, desto besser. Darüber komme ich bald hinweg. Nur nicht vom Weg abbringen lassen. Dummerweise habe ich mir einen ziemlich harten Weg ausgesucht, oder warum renne ich immer Typen hinterher, die mich hinhalten, und die, die ich kriegen kann, will ich nicht? Ausgerechnet das nächste Wochenende bin ich bei einer Freundin in der Nähe von Marlos Wohnort eingeladen. Es ist ein Anlasst, ihm zu schreiben. Und eine Gelegenheit, sich zu treffen. Die Enttäuschung ist allerdings auch umso größer, falls er wieder keine Zeit hat.

25. Juli 2013
Lia: Sehr schön hast du es hier.
Marlo: Du bist hier? Typisch! Und ich bin nicht da.
Lia: Wo bist du denn?
Marlo: In der Schweiz, aber gegebenenfalls könnten wir morgen etwas machen.
Lia: Gerne.

26. Juli 2013
Marlo: Ich komme nicht vor 22 Uhr. Wie lange bist du da?
Lia: Denke, bis Sonntag.
Marlo: Samstag habe ich schon etwas vor. Sonntag würde gehen.

Lia: In Ordnung. Da fahre ich heim, aber ein Kaffee geht sich aus.

27. Juli 2013
Marlo: Bist du heut auch in der Stadt?
Lia: Ich denke, schon. Sind allerdings noch mit dem Rad unterwegs.
Also wenn, dann erst später. Was machst du?
Marlo: Wäre mit Freunden auf ein Konzert. Aber der, der die Karten hat, ist krank.
Lia: Könnte als Ersatz einspringen.
Marlo: Ersatz wäre genug vorhanden, aber er hat die Karten und wohnt weiter weg.
Lia: Verstehe.

27. Juli 2013 in der Nacht
Marlo: Und bist noch unterwegs?
Lia: Ja!

Ich bin immer noch unterwegs mit Leuten, die ich nicht gut kenne, da meine Freundin keine Lust mehr hat und nach Hause will. Also mache ich mich mit ihren Bekannten auf den Weg in einen Club. Als einzige Frau unter fünf Männern fühle ich mich zwar ganz wohl, aber leider ist der Alkoholkonsum dementsprechend. Diese angeblichen Freunde scheinen alles teilen zu wollen, Alkohol und Frauen. Das macht mir Angst. Ich weiß nicht einmal genau, in welchem Stadtteil ich mich befinde. Mal sehen, ob das Geld überhaupt noch für ein Taxi reicht.

28. Juli 2013, 4:00 Uhr morgens
Lia: Ich habe Angst!

Scheiße. So ein Blödsinn. Ich bin doch nicht mehr im Kindergarten. Sowas schreibt man mit siebzehn, aber nicht mit Anfang dreißig. Jetzt ist es wohl endgültig vorbei. Ich muss ins nächste Taxi und verschwinden. Am nächsten Morgen wache ich auf der Couch meiner Freundin auf. Ich rufe mir ein Taxi zum Bahnhof und fahre mit dem Zug zurück nach Hause. Ich will nur noch schlafen. Was wird sie wohl über mich denken? Sowas ist mir noch nie passiert. Hoffentlich waren keine Drogen im Spiel.

28. Juli 2013 10:00 Uhr

Marlo: Hey, hab es erst jetzt gelesen. Alles in Ordnung?

Ich antworte nicht gleich, aber das scheint ihn nicht weiter zu interessieren. Ist es wieder nur eine seiner provisorischen Fragen? Den ganzen Tag kommt kein Lebenszeichen mehr von ihm, obwohl wir für heute das Treffen ausgemacht haben. Wie tief kann ich noch sinken? Da ist sie wieder einmal, die Bestätigung, dass er einfach kein Interesse an mir hat. Er will nur ein nettes Chatgeplänkel, wenn ihm gerade langweilig ist. Ich habe mich lange genug zum Narren halten lassen. Damit ist Schluss. So schmerzvoll es immer noch ist. Es kann nur besser werden. Ich muss mich endlich davon lösen.

Sonntag, 28. Juli 20:00 Uhr

Marlo: Was war denn los? Warum meldest du dich nicht?

Was? Auch er hat ein Telefon. Das kann doch nicht wahr sein. Was bildet der sich bloß ein?

29. Juli 14:00 Uhr

Lia: Ich gehe gerade bei unserem Lokal vorbei. Schade, dass wir erst in etwas mehr als vier Jahren dort wieder verabredet sind.

Beim ersten ‚realen Date' mit Marlo haben wir vereinbart, uns nach fünf Jahren am gleichen Ort zu treffen, um zu sehen, wer es geschafft hat, einen Partner zu finden und glücklich zu sein. Geht das die nächsten Jahre so weiter, stehen meine Chancen ziemlich schlecht. Das kann ich nicht zulassen. Der soll Augen machen. Wobei mir derzeit am liebsten wäre, wir zwei würden das glückliche Paar sein. Aber genau deswegen verstecke ich mich und übersehe vielleicht den richtigen Partner.

Es mangelt zwar nicht an Dates, aber langsam sind mir diese zuwider. Ich spüre nur noch eine Leere. Dabei will ich nur ein paar männliche Freunde, um mehr von dieser Spezies zu erfahren. Egal mit wem ich mich treffe, ich will immer mehr vom andern. Das ist für eine Freundschaft nicht wünschenswert. Gibt es sie wirklich nicht, die Freundschaft zwischen Mann und Frau? Margret hat da ihre ganz persönliche Devise. „Früher hast du auf deinen unzähligen Reisen nach etwas gesucht, das du nie wirklich gefunden hast, und jetzt suchst du es bei deinen mittlerweile unzähligen ‚männlichen Freundschaften'. Der eine hat das, was der andere nicht hat. Den einen hältst du dir warm, und der andere hält dich an der langen Leine. Trotzdem ist es nie im Einklang. Die Waage zeigt immer auf einer Seite mehr und auf der anderen Seite weniger an. Genau das, was du nicht willst. Du brauchst Einklang. Die ganze Zeit über schlüpfst du in eine Rolle. Willst du das?" „Nein, das will ich nicht. Du hast recht, es muss aufhören. Ich werde auf ‚Fastenzeit' gehen. Keine Männer mehr für mindestens zwei Wochen; und die, mit denen ich bereits abgeschlossen habe, sollen das nun erfahren."

Noch am gleichen Tag sage ich denen, dass sie sich keine Hoffnungen machen sollen. Scheiße, ist das unangenehm, aber irgendwie auch erleichternd. Ich will nicht mehr den fehlenden Teil in Männern suchen. Ich will ihn endlich in mir finden. Aus meiner Rolle herauszukommen, in der ich seit Jahren stecke, ist sicher nicht leicht, aber möglich. Einen Versuch ist es wert. Es kann nur besser werden. In welcher Rolle stecke ich bei Marlo? Er hält mich eindeutig an der langen Leine. Monatelange Warteposition. Diese Rolle ist falsch. Ich lösche seine Telefonnummer.

1. August 2013

Marlo: Hast du auch mal Urlaub?

Lia: Ja, aber ich arbeite bei einem freiwilligen Hilfsprojekt mit.

Warum?

Marlo: Nicht schlecht. Gibt bestimmt Karmapunkte.

Lia: Ist nicht meine Intention, aber wäre sicherlich gut.

Marlo: Allerdings. Nach dem, was du Unschuldigen so alles antust.

Lia: Hoffe, die Karmapunkte zählen bei den Unschuldigen.

Marlo: Bestimmt.

Lia: Es muss ja jemand das miese Karma hier auf Erden bessern. Was machst du so?

Marlo: Ich bin ein guter Mensch. Außerdem geht es um DEIN Karma.

Lia: Stimmt, aber wenn mein Karma sich gleichzeitig bessert, darf ich vielleicht auch mit Gleichwertigen persönlichen Kontakt aufnehmen.

Marlo: Ja, wenn dein Karma besser wird und deine Erfahrungen umfangreicher sind, darfst du auch mit gleichwertigen Persönlichkeiten wieder Kontakt aufnehmen.

Lia: Und woran merke ich das dann?

Marlo: Gute Frage. So spontan leider nicht zu beantworten.

Lia: Denke, ich merke es schon.

Marlo: Vermutlich.

Lia: Hast du Urlaub?

Marlo: Auch bald geplant.

Lia: Fährst du weg?

Marlo: Weiß noch nicht.

Lia: Spontan ist das Beste.

Marlo: Eben.

5. August 2013

Lia: Was ist, wenn ich dich mit meinen Erfahrungen und Karmapunkten überhole?

Marlo: Glaub ich nicht.

Lia: Möglich ist alles, wenn man daran glaubt.

Marlo: Glaube kann nicht alles.

Lia: Seit wann so wortkarg?

Marlo: Gar nicht. Nicht mehr und nicht weniger.

Lia: Na dann ist ja alles gut.

Marlo: Es ist Fußball.

Lia: Spannend. Schönen Abend noch.

8. August 2013

Lia: Könntest du den Erfahrungsbereich etwas eingrenzen? Was genau zählt dazu und was nicht?

Marlo: Schwierige Frage, die ich so nicht beantworten kann. Das dürfte eine globale Sache sein.

Lia: Allgemeine Erfahrung birgt die Gefahr, zu oberflächlich zu sein.

Marlo: Das stimmt natürlich. Aber zuweilen schadet etwas Oberflächlichkeit nicht.

Er könnte recht haben. Nichts anderes als oberflächlich war das, was sie taten. Ein oberflächliches Chatgeplänkel. Nicht mehr und nicht weniger. Sozusagen sinnlos und möglicherweise besser, sie ließ es einfach bleiben.

9. August 2013

Lia: Gute Nacht!

10. August 2013

Marlo: Guten Morgen.

Lia: Guten Morgen.

Marlo: So gut ist der Morgen nicht, denn ich muss arbeiten. Was treibst du?

Lia: Fasten und besinnen.

Marlo: Wie sieht das konkret aus?

Lia: Keinen persönlichen Kontakt zu Männern für die nächste Zeit.

Marlo: Woher der Wunsch?

Lia: Mehrere Gründe.

Marlo: Jetzt sag schon.

Lia: Nein!

Von wegen Fastenzeit. Die Nummer habe ich natürlich auch nicht gelöscht. Wie schwach ich doch bin. Zumindest faste ich - außer bei Marlo - wirklich schon seit einiger Zeit und es tut mir verdammt gut. Ich konzentriere mich endlich auf mein eigenes Leben und ziehe nicht ständig Kerle an, für die ich schon ein Auffanglager hätte einrichten können. ‚Suche frisch getrennte, bedürftige Männer zum Heiraten'. Ich mache mir nicht einmal etwas vor, es ist wirklich alles leichter und freier geworden. Mittlerweile bin ich froh darüber, ein paar Laufpässe verteilt zu haben. Ehrlicherweise hat keiner von diesen Männern wirklich zu mir gepasst.

12. August 2013

Marlo: Bin heute in deiner Umgebung.

Lia: Ich habe doch Fastenzeit!

Marlo: Okay. Dann eben nicht. Aber beschwer dich nicht mehr.

Lia: Ich habe mich noch nie beschwert.

Marlo: Klar hast du das.

Lia: Das war die alte Lia.

Marlo: Und der neuen ist es egal?

Hätte auch nur kurz mit dir einen Kaffee getrunken, aber wenn du Fastenzeit hast…

Lia: Okay. Du hast die Ehre, meine Fastenzeit für einen kurzen Kaffee zu brechen.

Marlo: Hab um 10 Uhr Termin. Dauert ungefähr eine halbe Stunde.

Lia: In Ordnung. Ich versuche um 11 Uhr da zu sein.

Marlo: Schaffst du es auch früher?

Lia: Ich versuche es 10:45. Wieder am Parkplatz?

Marlo: Perfekt.

12. August 2013 um 10:45 Uhr
Lia: Bist du schon da?
Marlo: Ja!
Lia: Wo denn?
Marlo: Eher vorne.
Lia: Bei den Stufen?

Da pfeift jemand. Ich drehe mich um und Marlo kommt mir ganz businesslike im Anzug entgegen. „Ich bin doch kein Hund." „Du hast aber wie einer reagiert."

Wie charmant er ist. Ich stehe anscheinend wirklich auf ein Arschloch. Je näher er kommt, desto schwindliger wird mir. Verlegenheit macht sich breit. Hoffentlich sieht er nicht, wie ich rot werde. Mir ist plötzlich ganz heiß. Jetzt bloß das Richtige sagen. Wir sitzen im ‚Café Heimat'. Was bedeutet Heimat für ihn? Fühlt er sich in meiner Gegenwart wohl? „Wie geht es dir? Warum fastest du? Macht man das nicht nur, wenn man zu viel von etwas hat?" Dass es so viele Männer gewesen sind, kann ich nun auch wieder nicht behaupten. Die Dates sind trotzdem unbefriedigend und es läuft zu einseitig. Oder die Typen wollen mehr, als ich geben kann. Nur einmal ging es mir auch so – und dieser Typ sitzt gerade neben mir. „Was soll ich sagen? Will man nicht immer das, was man nicht haben kann? Ansonsten würde es dich doch nicht einmal interessieren." Wieso fragt er sowas? Was soll ich darauf antworten? Dann bildet er sich bloß noch was drauf ein. Jetzt hat er mich sowieso schon in der Tasche. Noch bevor ich mehr erfahren kann, bezahlt er die Rechnung und zieht los. Langsam kommt er mir vor wie ‚Mr. Big' aus

‚Sex and the City'. Der mysteriöse Mann, der immer mal wieder auftaucht, um dann auf die gleiche mysteriöse Weise zu verschwinden. Das ist wenigstens nur ein Film, und da gibt es ein Happy End. ‚Mr. Big' will seine ‚Carrie' am Ende doch. Ich bin mir da nicht sicher. Margret warnt mich wieder einmal: „Der hat doch eine Freundin, wenn du mich fragst! So geheimnisvoll und verkorkst, wie der ist, läuft da noch was. Wahrscheinlich ist er verheiratet und hat Kinder." „Das kann nicht sein. So oft, wie wir schreiben – und einen Ring habe ich nie gesehen. Na gut, den kann er schnell runtertun. Das heißt nichts, aber so gefinkelt ist kein Mann." Ich bin mir nicht mehr so sicher, ob das mit einer Freundin nicht doch sein kann.

12. August 13:00 Uhr

Marlo: Also, ich habe mein Soll wieder erfüllt.
Lia: Das war alles?
Marlo: Hättest noch mehr?
Lia: Da gäbe es vieles.
Marlo: Erzähl schon.
Lia: Hätte dich überfordert und meine Illusion beraubt.
Marlo: Das heißt?
Lia: Der letzte Körperkontakt ist noch positiv abgespeichert. Wer weiß, wie das heute gewesen wäre. Wann habe ich mein Soll erfüllt?
Marlo: Keine Gegenfragen.
Lia: Ziemlich unbefriedigend. Frage-Antwort-Spiel läuft sehr einseitig.
Marlo: Nein, aber du kannst keine Frage stellen, wenn andere noch nicht beantwortet sind.
Doch um die Frage zu beantworten: Ich habe keine Ahnung. Das lässt sich auch nicht in Worte fassen. Wenigs-

tens bist du schon etwas klarer geworden als das letzte Mal und trägst keinen Minirock.

Lia: Das war eine Shorty.

Marlo: Zu lang in jedem Fall, aber Geschmäcker sind verschieden.

Lia: Tsss.

Marlo: Was denn? Es gibt Frauen, da kann es gar nicht lang genug sein.

Jetzt ist es ohnehin zu spät.

Lia: Warum?

Marlo: Bin schon wieder zu weit weg. Aber sind ja nur mehr vier Jahre. Vielleicht dann im Minirock?

Okay. Ohne Minirock in vier Jahren. Wird schließlich Winter sein.

Gute Nacht.

13. August 2013

Lia: Guten Morgen.

Minirock und warme Strumpfhose. Sehr unsexy, aber du wolltest es so.

Marlo: Guten Morgen. Nein, ohne Strumpfhose natürlich.

Lia: Und auch bei dir schaltet manchmal das Gehirn aus. Bist auch nur ein Mann.

Marlo: Nein, nie. ‚Nur ein Mann' klingt etwas abwertend.

Lia: Kein Mann? Schade!

Marlo: Mann schon. Aber ‚nur' klingt nicht so nett.

Lia: Bin auch nicht nett.

Marlo: Einsichtig? Ist ja schon einmal was.

Lia: Glaubst du, das hilft?

Marlo: In deinem weiteren Leben bestimmt.

Kommt allerdings auch auf die Bereiche und das Ausmaß an.

Lia: Natürlich.

Marlo: Natürlich?

Lia: Klar kommt es auf die Bereiche an. Du hattest die gleiche Musik im Auto. Hörte auch gerade Grönemeyer.

Marlo: Läuft selten.

Lia: Dann hatte ich wohl Glück. Was heißt eigentlich, dass es für manche Frauen nicht lange genug sein kann?

Marlo: Hä?

Lia: Waren deine Worte. Langsam mache ich mir Sorgen.

Marlo: Um dich oder um mich?

Lia: Um dich. Ich habe es nicht vergessen.

Marlo: Ich bin etwas überarbeitet.

Lia: Hältst nicht viel aus?

Marlo: Wenn du meinen Terminplan hättest, würdest du nach drei Tagen zusammenbrechen.

Lia: Glaub ich nicht.

Marlo: Glaub es mir.

Lia: Jammerer! Aber das ist ja deutsch.

Marlo: Ich wäre mit Dingen, die ich nicht beurteilen kann, vorsichtiger.

Lia: Dito!

14. August 2013

Lia: Ich habe es schon wieder getan. Aber um das zu beurteilen, bräuchtest du spezielles Fachwissen. Gute Nacht.

Es kommt keine Antwort; und schon ist er wieder da, der Kloß im Hals. Er will nicht einmal wissen, was ich tue. Oder weiß er es bereits? Es sind inzwischen mehr negative

Gefühle für ihn als positive. So darf das nicht weitergehen. Ich will mein Herz nicht an ein kaltes Phantom verschenken, das vielleicht nie erreichbar ist. Lange denke ich darüber nach, ob das der Hauptgrund ist, warum ich mich so bemühe, ihn zu bekommen. Vielleicht hat er recht und er ist nur deshalb so interessant, weil er nicht zu haben ist. Aber das ist nicht der Grund. Zumindest nicht der einzige. Das ist zu einfach. Ich muss wieder einen Schritt nach vorne machen. Die angezogene Handbremse endlich lösen. Mittlerweile komme ich wunderbar alleine zurecht. Ich genieße die Unabhängigkeit, und das soll auch so bleiben. Die nächsten Wochen sind verplant und geben wenig Zeit zum Nachdenken. Ich löse mich mehr und mehr von dem Gedanken, einen Partner zu brauchen. Wer sagt mir, dass nur Marlo der Richtige ist? Seine klugen Ratschläge soll er woanders austeilen. Er sucht die Fehler bei den anderen doch nur, um sich seine eigenen nicht eingestehen zu müssen. Das Schlimmste ist, dass er nicht aus sich herausgeht, dass er kaum über sich spricht. Eine Beziehung mit ihm ist sicher sehr kompliziert. Kann dieser Mann überhaupt aus seiner Rolle schlüpfen? Beziehungsfähig ist er nicht. Zumindest noch nicht. Ich will nicht länger ignoriert werden, um dann auf Abruf für einen Kaffeeklatsch bereitzustehen. Dafür bin ich eindeutig zu schade. Endgültiger Kontaktabbruch nun auch mit Marlo. Ich versuche, mich wieder auf meine Hobbys zu konzentrieren. Die Abende mit Freundinnen sind doch die besten. Ich fühle mich wohl, habe wieder mehr Energie. Marlos Nachrichten lösche ich aus meinem Telefon. Hin und wieder gibt es Tage, an denen ich nicht mehr an ihn denke. Tage ist übertrieben, aber vereinzelt einige Stunden. Ich entschließe mich, mich auf mein Leben zu konzentrieren. Margret ist sehr zufrieden mit mir. So vergehen einige Wochen, bis sie mich überredet, mit ihr auf ein Fest zu gehen. Ich bin überhaupt nicht motiviert und will mir meine zufriedene Grundstimmung nicht gleich wieder versauen. Nach ein paar Drinks geht es mir besser. Margret unterhält sich mit einigen Bekannten. Einer davon lässt mich nicht mehr aus den Augen und Margret stellt uns einander vor. Wir stehen stundenlang am gleichen Fleck und unterhalten uns. „Soll ich dir seine Telefonnummer besorgen?" „Nein, Margret, das würde die Fastenzeit brechen." „Warum? Du kannst doch ganz unverbindlich mit ihm quatschen." „Er will aber lieber bergsteigen. Ich kann das momentan echt nicht brauchen." „Du musst ja auch nicht. Ich kann dir nur sagen, dass er ein netter Kerl ist."

Am nächsten Morgen
Michael: Guten Morgen. Wann starten wir los?

Ich habe gerade einmal drei Stunden geschlafen und lese etwas schlaftrunken seine Nachricht. Wollte er jetzt gleich auf den Berg gehen? Er muss doch mindestens genauso müde sein. Ich kann mich nicht erinnern, dass er das Fest vor mir verlassen hat. Woher hat er überhaupt meine Telefonnummer?

Lia: Guten Morgen. Heute schaffe ich es nicht auf einen Berg. Du etwa?
Michael: Nein. Ich auch nicht. Aber für dich hätte ich es versucht. Wir können auch was anderes machen.
Lia: Maximal einen Spaziergang im Wald, wo mich niemand sieht. Ich fühl mich wie ausgekotzt. Blöder Alkohol.

Michael: Dann gehen wir spazieren, oder darf ich dich auch nicht sehen? Wann und wo?
Lia: Hmm. Ich weiß nicht.
Michael: Am besten in deiner Nähe. Ich weiß, wo du wohnst. Bin in einer Stunde da.

Damit habe ich jetzt nicht gerechnet. Wer will schon langweilig spazieren gehen? Woher weiß er, wo ich wohne? Was soll ich jetzt sagen? Am Anfang machen die Typen doch wirklich alles. Die Nummer hat er sich gewiss von Margret geben lassen. Ich muss mich erst genauer über ihn informieren, bevor ich mich mit ihm treffen kann. Aber dafür bleibt fast keine Zeit– und warum eigentlich? Ich kann ihn einfach fragen. Ich muss mir schon selbst ein Bild machen. Margret ist ohnehin etwas komisch. Sie meint, dass er zu schade für mich und meine Spielchen ist. Welche Spielchen? Wenn schon, dann spielen die Männer mit mir. Zumindest Marlo, und das hat sie doch die ganze Zeit mitbekommen. Warum sagt sie so etwas? Sobald ich weiß, dass daraus nichts wird, beende ich es. Das weiß ich aber erst nach einem Treffen. Bei Michael ist es anders. Es hat etwas Ungezwungenes. Der Spaziergang ist wunderschön. Obwohl es schon dämmert, fahren wir dann auf einen kleinen Berg in der Nähe. Mit Blick auf die Stadt sitzen wir auf einer Bank. Es beginnt zu regnen, vor uns spannt sich ein Regenbogen. Es könnte nicht romantischer sein. Wir springen auf und stellen uns unter einen Baum. Ich fühle mich wie ein Teenager und nur noch ein Kuss fehlt, um das Ganze filmreif zu machen. Gedacht, getan! Er umarmt und küsst mich. „Normalerweise küsse ich nicht beim ersten Date, aber bei dieser Stimmung konnte ich nicht anders." Ich bekomme kein Wort heraus.

Das ist nicht von dieser Welt.

13. August 2013
Michael: War ein wunderschöner Abend. Danke, Regenprinzessin.
Lia: Gern geschehen. Schlaf gut.

14. August 2013
Michael: Hab hier eine kleine Erinnerung an gestern für dich. Wünsch dir einen schönen Tag.
Lia: Guten Morgen. Schönes Bild – schöne Erinnerung.
Michael: An solche Tage könnte ich mich gewöhnen.

Er muss den Regenbogen heimlich fotografiert haben. Das ist wirklich eine schöne Erinnerung.

Am selben Abend
Michael: Hast du deinen Tag gut verbracht?
Lia: Ja, und du?
Michael: Klar, ich bekomme seit gestern das Grinsen nicht mehr aus meinem Gesicht.
Lia: Warum nur?
Michael: Ehrlich gesagt liegt es zu 100% an dir.
Werde jetzt noch das große Geld machen und uns dann ein Haus bauen.
Lia: Wo denn?
Michael: Im Casino. Was machst du noch?
Lia: Warten, bis du mit der Kohle kommst, und sie dann verjubeln.
Michael: Okay. Ich lege dir den Schlüssel hin. Mit dir teile ich gern.
Lia: Dann viel Erfolg und schönen Abend.

Michael: Danke, dir auch.

15. August
Michael: Guten Morgen.
Lia: Guten Morgen. Hast du gewonnen?
Michael: Reicht nicht ganz für ein Haus.
Lia: Reich wirst du auch ohne Casino.
Michael: Wie?
Lia: Da hätten wir an das Ende des Regenbogens gehen müssen.
Michael: Stimmt. Vielleicht sehen wir heute noch einen. Hast du Zeit? Könnten zu den Gräbern, die du sehen wolltest.
Lia: Ja, gern.

Er ist nicht nur aufmerksam, sondern auch spontan. Eine Kombination, die ich mag. Ganz anders als bei den anderen. Ganz anders als bei Marlo. Da muss ich schon Monate im Voraus um einen Termin ansuchen.

Am gleichen Abend
Michael: Das war wieder ein Tag. Schöner könnte es nicht sein.
Lia: Sehr gelungen. Schlaf gut.

16. August 2013
Michael: Guten Morgen.
Lia: Guten Morgen.
Michael: Wir wurden von einer Bekannten gesehen gestern. Sind schon im Gespräch.
Lia: Du scheinst ja Leute zu kennen.
Michael: Ja, manchmal ist das gar nicht so gut. Aber

gegen sein Schicksal sollte man sich nicht wehren. Ich werde gerne mit so einer hübschen Frau gesehen.

Lia: Soll ich schon einmal nach einem Notunterschlupf suchen, falls wir abgehört werden?

Michael: Ja, aber flüchte dann nicht ohne mich.

Lia: Schon einmal Bonnie ohne Clyde flüchten sehen?

Michael: Sind schon fast so bekannt wie die zwei. Schlaf gut.

20. August 2013

Michael: Was machst du dieses Wochenende?

Lia: Vielleicht gehe ich mit Freundinnen weg.

Michael: Bin auch eingeladen. Wir könnten allerdings auch ans Meer fahren.

Lia: Ja, einmal ins Meer springen, essen gehen und wieder zurück.

Michael: Genau.

Lia: Wann?

Michael: Hol dich in zwei Stunden ab. Bin noch in der Arbeit.

Lia: In Ordnung.

Michael: Das gefällt mir. Bis später.

Lia: Bis dann.

Für einen Abend ans Meer fahren. Das habe ich noch nie gemacht. Die Idee gefällt mir. Nach einer mehrstündigen Autofahrt werde ich bestimmt mehr über ihn wissen. Es muss doch auch etwas geben, das ich nicht so interessant an ihm finde. Nach vielen Stunden auf so engem Raum werden wir einander entweder total nerven, uns gar nichts mehr zu sagen haben oder so einiges voneinander wissen. Der Kurztrip ist sehr lustig. Ich fühle mich wie ein verliebter Teenager. Auch nachher hören wir uns oft und unternehmen spontane Ausflüge. Ich darf jetzt meine beste Freundin nicht vernachlässigen. Sie ist auch immer für mich da, wenn ich etwas brauche, und heute will sie unbedingt feiern. Trotzdem habe ich schon den ganzen Abend ein komisches Gefühl im Bauch. Vielleicht bin ich auch einfach verliebt. Im Lokal bestelle ich zwei Drinks. „Was führt dich denn hierher?" „Marlo? Das müsste ich dich fragen." „Eigentlich waren wir auf der Party, aber da war es uns zu voll. Möchtest du tanzen?" Da zerrt er mich schon auf die Tanzfläche. Ich spüre, wie seine Hand immer weiter nach unten gleitet und an meinen Hintern grapscht. „Was soll das, Marlo?" „Als ob du nicht darauf stehen würdest, Lia!"

Das ist mir zu viel. Was bildet er sich ein? Ich schnappe Margret und wir gehen. Er zieht mich zurück und flüstert mir ins Ohr: „Du bist so feige!" „Ich bin feige? Wer da feige ist…" „Warum ich, du läufst doch gerade weg. Außerdem kommst du ohnehin nicht von mir los! Du verdrängst mich nur, aber vergessen wirst du mich nie!" „Was bildest du dir ein?"

Das ist an Hochmut kaum zu übertreffen. Das kann ich nicht länger ertragen. Er zieht mich nochmal heran und will mich küssen. Ich reiße mich los. Das kann doch alles nicht wahr sein. Was ist, wenn er recht hat? Was ist, wenn ich ihn nur verdränge? Gerade jetzt, wo alles so gut läuft. Ich treffe mich mit einem Mann, der spontan, lustig und außerordentlich lieb zu mir ist. Das darf ich nicht aufs Spiel setzen für jemanden, der nicht weiß, was er will. Immerhin habe ich ihn jetzt einmal abgewiesen. Was ist das nur für ein Katz-und-Maus-Spiel? Michael nimmt alles in Kauf, um mich zu sehen. Wenn man wirklich verliebt ist, dann ist das so oder hat so zu sein. Zumindest denke ich das.

Michael gewinnt mehr und mehr mein Herz. Diese Leichtigkeit habe ich so vermisst. Er schreibt aus vollem Herzen und ist sich nicht zu stolz zuzugeben, wie verliebt er in mich ist. Für ihn war von Anfang an klar, dass ich seine Traumfrau bin. Er verbringt am liebsten jeden Tag mit mir. Auch wenn ich den meisten Rollenklischees nichts abgewinnen kann, will ich erobert werden. Genau das tut Michael.

Solange Marlo sich nicht meldet, ist alles im grünen Bereich. Ich lasse die Tage einfach verstreichen und genieße es, umschwärmt zu werden. Genau drei Wochen lang funktioniert das gut. Dann kommt der erste Rückschlag. Ich höre, dass mein Ex mit seiner Neuen zusammengezogen ist und dass sie sich ein Kind wünschen. Wunderbar! Ich scheine immer noch nicht ganz darüber hinweg zu sein. Da ist wieder der Kloß im Hals. Es ist doch jetzt wirklich schon lange genug her. Muss ich nicht längst abgeschlossen haben? Soll ich überhaupt noch zu Michael fahren? Der wird es sicher spüren. „Du bist heute irgendwie anders!" „Nein, alles gut." Nach drei Wochen muss ich nicht gleich meine ganze Geschichte offenbaren. Das hat noch Zeit oder muss vielleicht auch gar nie erwähnt werden. Das, was war, hat keine Bedeutung mehr für das, was ist, oder? Weder das Chatgeplänkel mit Marlo noch sporadische Kaffeepausen können das jemals erreichen, was ich mit Michael erlebe. Kann es sein, dass Marlo noch unsicherer ist, als ich es bin? Vielleicht ist er deshalb so kalt und unnahbar. Zum jetzigen Zeitpunkt ist das allerdings unwichtig. Er wird immer Teil meines Lebens sein, aber das sind alle Menschen, die ich kennengelernt habe. Je mehr ich das akzeptieren kann, desto leichter fällt es mir, das Hier und Jetzt zu genießen. Ein angenehmes Gefühl breitet sich in mir aus. Es fühlt sich wie etwas Besonderes an. Das muss der richtige Weg sein. Ich muss lernen, die Phasen zu akzeptieren, die ab und an einfach kommen. Schließlich bin ich auch nur ein Mensch und ich weiß, dass das Schlimmste längst vorbei ist und immer weiter in die Ferne rückt. Die Beziehung zu meinem Exfreund hat wohl mehr im Kopf als im Herzen stattgefunden, da er sich so schnell auf etwas Neues einlassen kann. Bei Marlo wiederum kommt es mir wie eine Sucht vor. Sobald seine Aufmerksamkeit nachlässt, leide ich unter Entzugserscheinungen. Dadurch werde ich noch krank, verrückt oder einfach nur leer. Alles Dinge, die ich nicht brauchen kann. Wer weiß, ob er je aufhört, mich zu analysieren. Wer weiß, ob ich jemals gut genug für ihn bin. In seiner Nähe komme ich mir so klein vor. Es scheint, als projiziert er seine ganze Angst und seine Minderwertigkeitskomplexe auf mich. Kann er überhaupt vom Kopfdenker zum Herzdenker werden? Es ist nicht meine Aufgabe, ihn dazu zu bewegen. Diese Kräfte kann ich mir sparen, und zwar für mich. Diesmal kann ich nicht davonlaufen. Zumindest nicht mehr vor mir selbst. Das ist schließlich die einzig wirklich sinnvolle Reise, die ich antrete: die Reise zu mir selbst.

Margret holt mich aus meinen Gedanken. „Wir sollten noch für unseren Filmabend einkaufen." „Oh, ja. Ich mach das schon. Besorg du den Film." Kurze Zeit später stehe ich vor dem Regal mit den Süßigkeiten. Ein Mann neben mir verwickelt mich in ein Gespräch. Wir quatschen über Filmabende, Vollmilch- oder doch lieber Zartbitterschokolade und verabschieden uns. Ich erledige meine restlichen

Einkäufe und stelle mich an der Kasse an. „Sie haben ziemlichen Eindruck bei dem Mann hinterlassen", meint die Kassiererin. „Bei welchem Mann?" „Eine Stammkundschaft, übrigens sieht er fast nichts, nimmt aber nie Hilfe in Anspruch. Er meinte, dass Sie eine sehr sympathische und hübsche Frau sind." „Ich verstehe nicht ganz, hübsch? Er kann mich doch nicht sehen." „Mehr hat er nicht gesagt. Nehmen sie es doch einfach an." Sie hat recht. Warum fällt es mir nur so schwer, Komplimente anzunehmen? Das ist das netteste Kompliment, das ich je bekommen habe. Schließlich kann er nicht auf optische Eindrücke zurückgreifen, sondern muss wohl meine ‚innere Schönheit' erkannt haben. Das gefällt mir.

30. Oktober 2013
Lia: Was ist, wenn nur einer oder keiner von uns es in vier Jahren geschafft hat, seine „Ziele" zu verwirklichen?
Marlo: Ist ja noch etwas Zeit bis dahin, oder?

Da ist sie wieder, die Unsicherheit, als habe sie Kraft getankt, um anschließend mit voller Macht wieder in mein Leben zu treten. Ich habe es immerhin geschafft, nach wenigen Wochen alle Kontrollabsichten über Bord zu werfen und mich bei Michael einfach fallen zu lassen. Doch schon verändert sich alles wieder. Ist es wirklich nur die Unsicherheit, die mich einholt? Warum schreibe ich Marlo, wenn ich mich gerade fallen lassen wollte? Was ist mit der Leichtigkeit? Auch Michael ist distanziert. Was ist passiert? Ich kann es mir nicht erklären. Ich fühle mich nicht mehr wohl, wenn ich bei ihm bin. Ich komme mir mehr und mehr überflüssig vor. Es ist, als hätte mich die Vergangenheit eingeholt. Ich möchte wieder flüchten, aber das wird alles zerstören. Ich muss endlich Verantwortung übernehmen. Warum haue ich immer ab? Woher kommt dieser ständige Fluchtgedanke? Ich verkrieche mich in eine Scheinwelt mit Marlo.

3. November 2013
Lia: Stimmt.
Marlo: Was stimmt?
Lia: Dass noch ein bisschen Zeit ist.

10. November 2013
Marlo: Ja, noch mindestens drei Jahre.

Mittlerweile bin ich sehr geduldig. Aber drei Jahre sind mir zu lang, um auf Mister Right zu warten. Auch mit Michael fühlt es sich alles andere als richtig an. Im Grunde macht er nichts Schlimmes, aber ich lege jedes Wort auf die Goldwaage. Bin ich früher so unsensibel gewesen und habe mir alles gefallen lassen, oder übertreibe ich jetzt einfach und bin überempfindlich? Egal, auch wenn es nicht jedem schmecken mag, ich will wertgeschätzt werden für das, was ich bin. Ich will bedingungslos geliebt werden. Ich dachte, dass ich mich endlich in den richtigen Mann verliebt habe. Es ist mir egal, welchen Job er hat oder ob seine Eltern noch zusammen sind. Ich verbringe einfach nur eine wunderschöne Zeit mit Michael. Bis vor kurzem jedenfalls noch. Wie kann er sich so plötzlich ändern? Soll ich erst mal abwarten?

Michael: Kommst du heute noch?
Lia: Denke, nicht. Hab noch was zu tun.
Michael: Aha. Willst du mir aus dem Weg gehen?

Lia: Hmm.

Michael: Ja?

Lia: Warum meinst du? Weil du nicht immer so nett bist?

Michael: Ja, ich weiß schon.

Aber heute war doch schön?

Lia: Ja, heute war schön.

Michael: Hätte gedacht, du kommst nochmal. Kommst du noch?

Lia: Nein, wäre lieber allein. Schönen Abend noch.

Ständig fallen mir die Worte von Margret ein, dass ein Mann sich um eine Frau bemühen muss, gerade anfangs. Wenn es die ersten Monate schon kompliziert ist, dann hat es keinen Sinn. Aber kann es nicht auch sein, dass man sich erst zusammenraufen muss und es dann umso schöner ist? Michael zeigt mir immerhin meine negativen Seiten auf. Bin ich die Kühle und Unnahbare? Die Zeit vergeht und es kommen immer mehr Zweifel auf, ob es auf Dauer richtig ist. Ich habe es Michael mehrmals gesagt, dass er mir zeigen soll, dass ich ihm wichtig bin. Sind meine Ansprüche wirklich so hoch? Vielleicht muss ich damit leben, dass meine Gefühle nie ganz erwidert werden können.

Ich gehe am Wochenende mit meinen Freundinnen aus und trinke etwas zu viel. Ich werde schwach und schreibe Marlo.

13. Dezember 2013

Lia: Marlo?

Marlo: Ja?

Lia: Alkohol ist keine Lösung, aber es betäubt, oder?

Marlo: Korrekt. Weil?

Lia: Morgen ist alles wieder scheiße.

Marlo: Muss ich das verstehen?

Lia: Hmm. Nein.

Marlo: Okay. Erklärung?

Lia: Angst, Verzweiflung.

Marlo: Konkreter?

Lia: Krise.

Marlo: Jetzt sag schon. Was ist los?

Lia: Es versteht mich niemand, Marlo.

Marlo: Bei was denn? Mensch, lass dir nicht alles aus der Nase ziehen.

Lia: Ich kann nicht mehr.

Marlo: Warum?

Lia: Bin anders!? Und obendrein betrunken.

Marlo: Was ist denn konkret jetzt passiert?

Lia: Das würde zu lange dauern, das aufzuschreiben.

Marlo: In Stichworten. Wo bist denn überhaupt?

Lia: Hoffnungsloser Fall?

Marlo: Jetzt spinn nicht herum und sag, was passiert ist!

Lia: Kann nicht.

Marlo: Lia!!!!

Lia: Nein, nein, nein.

Marlo: Bist abgeblitzt?

Lia: Nein, ich habe alles versaut.

Marlo: Was hast du gemacht?

Lia: War nur ehrlich.

Marlo: Tröste dich. Heut ist Freitag der 13. Was hast du gesagt?

Lia: Dass ich auf mein Gefühl vertrauen muss.

Marlo: Versuch es mal in drei bis vier Sätzen.

Lia: Geht nicht.

Marlo: Dann kann ich dir auch nicht helfen.
Lia: Gute Nacht.

17. Dezember 2013

Marlo: Bist arbeiten?
Lia: Ja, klar, warum?
Marlo: Bin gerade in der Nähe.
Lia: Arbeite bis 16 Uhr und dann Weihnachtsfeier.
Marlo: Sag halt, wenn du keine Lust hast.
Lia: Das würde ich schon sagen, aber heut ist es knapp.
Marlo: Ja, ja …
Lia: Beleidigt?
Marlo: Nein, wir haben alle unsere Prioritäten.
Lia: So ist es.
Marlo: Na, dann gibt es kein Musical.
Lia: War das eine Frage oder Feststellung?
Marlo: Weiß ich noch nicht.
Lia: Wovon hängt es ab?
Marlo: Wie lange ich beleidigt bin und was dagegen unternommen wird.
Lia: Was würde helfen?
Marlo: Weiß nicht. Muss ich auch nicht.
Lia: Etwas konkreter wäre gut.
Marlo: Aber zu einfach und in diesem Fall ist eine kleine Erschwernis durchaus angebracht.
Lia: Oh, interessant. Noch schwieriger.
Marlo: Musst ja nur sagen, wenn es dir zu schwierig ist.
Lia: Zu schwierig ist nichts für mich.
Marlo: Dann bin ich mal gespannt.
Lia: Aber für dich anscheinend.
Marlo: ???
Marlo: Keine Kreativität. Schlimm.

Lia: Ich bin sehr kreativ, aber nur bei Menschen, die es zu schätzen wissen. Ich bin mir zu schade dafür, nur dann kontaktiert zu werden, wenn es dir passt. Wann ist dir schon mal was Kreatives eingefallen, um mich zu beeindrucken?

Marlo: Sei jetzt nicht trotzig.

Was ist das eigentlich? Freundschaft? Hassliebe? Langsam ist das nicht mehr zu ertragen. Wenigstens kann ich es mittlerweile aushalten, ihm nicht sofort in den Hintern zu kriechen und auch mal Nein zu sagen.

Michael gibt sich wieder mehr Mühe, mich zurückzu-gewinnen. Aber ein richtig gutes Gespräch lässt sich nicht mehr führen. Sind es vielleicht doch die unterschiedlichen Erfahrungen, die uns trennen? Ich fühle mich einfach nicht verstanden. Das will ich aber von einem Mann: mich verstanden fühlen und verstanden werden.

18. Dezember 2013

Lia: Bin ich manchmal.

19. Dezember 2013

Marlo: Was will eine Frau?

Lia: Also ich weiß mittlerweile genau, was ich will und was ich nicht mehr will, aber alle Frauen sind nicht gleich.

Marlo: Erzähl mal.

Lia: Hab keine Zeit, sollte langsam auf dem Weg sein, aber es ist viel Verkehr.

Marlo: Was machst du denn?

Lia: Brauche noch ein Geschenk.

Marlo: Wollte heute auch noch in deine Richtung.

Lia: Okay. Was machst du?

Marlo: Gehe in die Therme.

Lia: Hab schon etwas ausgemacht.

Marlo: Hab dich auch nicht gefragt, ob du mitkommen möchtest.

Lia: Lass mir doch von dir nicht sagen, wann ich in die Therme gehe.

Auch wenn du bei meinem Anblick nicht mehr freiwillig aus dem Schwimmbecken gehen würdest.

Marlo: Kannst ja viel erzählen. Außerdem spreche ich sowieso von Sauna, und du wüsstest nicht, ob dir von der Sauna oder von mir so heiß ist.

Lia: Kannst ja viel sagen.

Marlo: Jederzeit nachweisbar.

Lia: Was will ein Mann?

Marlo: Eine treue, verständnisvolle, unabhängige, intelligente Frau. Eine Heilige im Alltag – eine Hure im Bett. Noch Fragen?

20. Dezember 2013

Marlo: Offensichtlich nicht.

Sprachlos?

Lia: Nein.

Marlo: Dachte schon, meine Vorstellung einer Hure hat dich sprachlos gemacht.

Lia: Hab nur mehr wenig Akku.

Marlo: Aufladen?!?

Lia: Konversation beendet. Man(n) sollte übrigens nur das wollen, was man selbst bieten kann.

Marlo: Tu ich ja.

Oder meinst du, weil ich mich zurückhalte?

Lia: Ja.

Marlo: Alles krieg ich ja nie – gemessen an dem, was ich biete.

Das ist mein trauriges Los.

Lia: Meine Liste ist auch lang.

Marlo: Jetzt weißt du auch, warum es ständig viele Enttäuschungen gibt.

Lia: Ja!

Enttäuschung ist kein Fremdwort für mich, aber sind meine Erwartungen wirklich zu hoch? Soll ich meine Ansprüche überdenken? So groß sind sie doch gar nicht, aber Marlo ist schließlich ein Mann und muss es wissen. Aber alle Männer sind nicht gleich. Für manche reicht vielleicht schon die ‚Hure' im Bett. Warum gibt es immer einen Teil, der mir fehlt? Kann mir das Christkind nicht das Gesamtpaket liefern? Ist er verständnisvoll, unabhängig, intelligent und behandelt mich wie eine Königin, dann hat er keine sexuelle Anziehungskraft. Ist er attraktiv und anziehend, kann ich keine tiefgründigen Gespräche mit ihm führen. Wieso lässt sich nicht beides kombinieren? Kurz vor Weihnachten bin ich wieder einmal ratlos. So kann ich nicht weitere Jahre verbringen.

26. Dezember 2013

Lia: Ich glaub ja mittlerweile, dass Seelenfreunde in unser Leben treten, nur um eine weitere Schicht unserer Mauer zu lösen, uns aufzurütteln oder unser Ego aufzumischen. Wie siehst du das? Bist wieder am Meditieren?

Marlo: Ständig am Meditieren. Ich glaube, dass das nicht die Ursache und Entschuldigung für alles ist, was einem im Leben so passiert (oder nicht passiert).

Lia: Nein, so war das auch nicht gemeint.

Marlo: Ich glaub, schon. Unbewusst glaubst du das.

Lia: Nicht mal unbewusst.

Marlo: Darum ist es dir auch nicht bewusst.

Außerdem scheint meine Prognose ja zutreffend zu sein.

Lia: Welche Prognose?

Marlo: Vor 35 wird das nichts mit einer ernsten Beziehung bei dir.

Lia: Warum?

Marlo: Weil du ein realitätsfernes, idealisiertes Beziehungsbild hast.

Lia: Hm, und du glaubst, eine Heilige im Alltag und Hure im Bett, obendrein unabhängig und intelligent, ist nicht realitätsfern?

Marlo: Solche Frauen gibt es.

Lia: Dann wird es wohl auch Männer geben, wie ich mir das vorstelle.

Marlo: Toi, toi, toi.

Meine Prognose gilt.

Lia: Hast auch eine Prognose für dich?

Marlo: Ja.

Lia: Die wäre?

Marlo: Bekomme genau, was ich mir vorstelle. 2014 sieht gut aus.

Lia: Toi, toi, toi.

Marlo: Brauch ich nicht, aber trotzdem danke. Schon in Arbeit.

Lia: Wie kann man das in Arbeit geben?

Marlo: Na, Leute kennenlernen und darunter die Vielversprechendste auswählen. Und 2014 möchte ich den Sack zumachen. Egal was kommt.

Lia: Hoffentlich hast dann nicht die Katze im Sack.

Marlo: Ist doch der Sinn, oder?

29. Dezember 2013

Marlo: Danke für die Antwort.

Lia: Hast recht. Ein paar Tage haben wir noch. Reicht, wenn ich 2014 den Kontakt abbreche. Möchte nicht unbedingt in den Sack.

Marlo: Muss ich das verstehen?

Wieso du in den Sack?

Lia: Na weil du, egal was kommt, den Sack zumachst.

Marlo: Nicht egal, was kommt.

Aber 2014 wird es mal wieder Zeit für etwas Fixes. Den Sack zumachen ist eine Redensart und hat nichts mit einem richtigen Sack oder gar den Hoden zu tun.

Lia: Das ist mir schon klar. Aber auch „die Katze im Sack kaufen" ist eine Redensart.

Marlo: Ja, aber „Katze im Sack" würde bedeuten, dass ich mich mit einer Unbekannten liiere. Passiert sicher nicht.

Lia: Ja, das hättest du nicht ausreichend geprüft.

Marlo: Außerdem muss es nicht gleich im Januar 2014 sein, sondern könnte auch Oktober oder Dezember werden.

Lia: Klar. Wirst dann schon sehen.

Marlo: Und warum willst du jetzt 2014 keinen Kontakt? Die Verbindung hab ich noch nicht ganz.

Lia: Gibt auch keine Verbindung. Du hast meinen Humor nicht verstanden.

Margret hält mich ziemlich auf Trab. Sie will ständig ausgehen. Auch Michael merkt meine Veränderung und spricht mich darauf an. „Ich komme mir vor wie dein Toy-boy. Behältst du mich nur so lange, bis du etwas Besseres bekommst?" „Nein, natürlich nicht, tut mir leid. Ich weiß nur nicht, ob mir das so reicht, wie es ist. Ich komme auch ganz gut allein zurecht und will nicht weiter etwas wollen, das du mir nicht geben kannst." Das wirkt. Ich verlasse seine Wohnung und höre erst einmal einige Tage nichts von ihm. Vielleicht will er einfach nicht immer zusammenkleben. Genau das gleiche Problem, das ich immer habe, aber diesmal ist es andersrum. Ich will mit Michael zusammen sein, und wenn ich bei ihm bin, dann will ich wieder weg. Ich bin normalerweise diejenige, die sich der Freiheit beraubt fühlt, nicht umgekehrt. Außerdem schränke ich niemanden ein. Wenn er so freiheitsliebend ist, dann soll er doch allein bleiben. Kann man überhaupt frei sein und gleichzeitig in einer Beziehung? Ist eine Beziehung nicht ein ständiger Abgleich von Bedürfnissen? Das hört sich nach viel Arbeit an. Vielleicht hat er einfach Panik vor etwas Festem. Auch das ist normalerweise mein Part. Nun ist es umgekehrt. Aber dass auch andere Angst bekommen, ist mir fremd. Ist es nicht ein Beweis für die Liebe, wenn ich versuche, diese Hürde zu nehmen? Am Ende haben wir vielleicht beide keine Angst mehr. Kann ich mir eine Zukunft mit Michael vorstellen? Warum kommt jetzt wieder diese Unsicherheit? Vielleicht muss ich geduldig sein. Margret ist nicht gerade hilfreich. „Such dir doch endlich einen reichen Mann. Du hast schon so einige Chancen verstreichen lassen. Dann bist du wenigstens finanziell auf der sicheren Seite. Nur von Luft und Liebe kannst du sowieso nicht leben, und jetzt hast du noch gute Karten." „Blöderweise mag ich Michael wirklich gern. Ist nicht die Liebe eine viel stärkere Kraft als Reichtum?" „Lass endlich die Vorstellung los, deinen Traumprinzen zu bekommen. Die Wahrheit ist, dass nicht einmal ein Prinz dich retten kann. Du bist nicht mehr zu retten." Zu welcher Frau bin ich nur in den letzten Jahren geworden? Ich lebe mehr und mehr, wie ich bin. Ehrlicherweise kann ich bei Michael sein, wer ich bin. Er stellt das nicht in Frage. Ich kann ich selbst sein, und er zeigt mir, meistens jedenfalls, dass er mich genau so mag. Warum will ich ihn dann ändern? Gibt es nicht genügend Eigenschaften, die ich an ihm mag? Ich darf nicht so viel darüber nachdenken.

2. Januar 2014

Marlo: Gut ins neue Jahr gekommen?
Lia: Ja, sehr gut. Selbst?
Marlo: Ja, auch ganz gut. Neujahr gleich gearbeitet.
Lia: Jeder, wie er / sie es will.
Marlo: Oder eben muss.
Lia: Schönen Abend noch. Ich muss jetzt zum Sport.
Marlo: Dein Leben müsste man haben.
Lia: Jeder, wie er / sie es sich gönnt.
Marlo: Was muss, das muss.
Lia: Sehe ich anders.
Marlo: Das kann man nicht anders sehen. Jedenfalls nicht in meinem Job.
Lia: So, so.
Marlo: Nicht so, so, sondern SO.
Lia: Deine Frau tut mir einmal leid.
Marlo: Warum?
Lia: Rechthaberischer Kontrollfreak!
Marlo: Diskussionsfreudiger, verlässlicher, netter Mann.
Lia: So könnte man das auch auslegen.
Marlo: Wo viel Licht ist, da ist auch Schatten.
Lia: Hoffentlich überwiegt das Licht.

Marlo: Zweifelst du daran?

Lia: Ja. Aber vielleicht bist du nur bei mir so kompliziert?

Marlo: Bin ich doch gar nicht.

Lia: Na gut. Ich bin nicht diskussionsfreudig, zumindest momentan nicht.

Marlo: Stress?

Lia: Etwas.

Marlo: Emotionaler oder zeitlicher Stress?

Lia: Beides.

Marlo: Konkreter, bitte!

Lia: Sagen wir so: Es mangelt gerade nicht an vielversprechenden Dates.

Marlo: Wir hatten doch gar keine Dates?

Lia: Du suchst doch was ganz anderes. Außerdem will ich frei sein.

Marlo: Du willst frei sein? Ich dachte, das willst du eben genau nicht sein.

Lia: Doch. Ich glaub, du kennst mich schlecht.

Marlo: Affären?

Lia: Hatte ich, aber will ich nicht mehr.

Marlo: Dann bleibt nur das Singledasein. Und besser Affären als ganz allein, aber Männer sind da sicherlich anders.

Lia: Wenn es nur um Sex geht, habe ich schon einen ‚Toyboy'.

Marlo: Aus Plastik?

Lia: Ja, auch.

Marlo: Kein Vergleich zu mir.

Lia: Das wage ich zu bezweifeln.

Marlo: Wenn wieder Affären möglich sind, kannst ja mal lieb fragen. Vielleicht sage ich ja.

Lia: Wie definierst du eine Affäre?

Marlo: Affären sind – anders als One-Night-Stands – unregelmäßig geplante Treffen mit sexueller Aktivität und ohne Verpflichtungen.

Lia: Hört sich gut an, aber genau das habe ich bereits.

Marlo: Aber nicht mit mir. Vielleicht kommt es ja mal so weit und dann urteilst du erneut. Würdest du wollen?

Lia: Kann ich mir nicht vorstellen.

Marlo: Schade, dass du dir das nicht vorstellen kannst, und ein bisschen traurig, aber in Ordnung.

Lia: Echt? Du bist traurig? Das will ich nicht.

Marlo: Dann doch vorstellbar?

Lia: Dafür müsste ich dich wieder einmal sehen.

Marlo: Wenn es nur das ist.

Lia: Wann?

Marlo: Flexibel.

3. Januar 2014

Lia: Guten Morgen.

Marlo: Guten Morgen.
Schön, von dir zu hören. Ab Montag bin ich sehr flexibel und nächste Woche habe ich einige Termine in deiner Umgebung.

Lia: Bin sehr beschäftigt, aber es wird sich schon einmal ausgehen.

Marlo: Wenn, dann am späteren Nachmittag oder gegen Abend.

Lia: Okay. Melde dich, wenn du in der Umgebung bist. Schönen Tag!

Marlo: Dito.

Marlo: Samstag wäre ich noch frei.

Lia: Hab einen Kurs. Wenn, dann erst am Abend.

Marlo: Wie hättest du dir das Treffen vorgestellt? Bist ja zeitlich sehr eingeschränkt.

Lia: Wäre mit einem Drink und Reden einverstanden.

Marlo: Eine Affäre und keine Romanze haben wir gesagt, oder?

Lia: Das hast du so definiert. Ich weiß nicht, ob ich das will.

Also hat sich das Treffen erledigt, oder?

Marlo: Nein, ich muss nur wissen, worum es geht.

Worum es geht? Das ist doch gerade die Frage. Worum geht es hier eigentlich? Das will ich schon lange wissen. Er hinkt immer noch nach. Jetzt will er plötzlich eine Affäre. In fünf Jahren will er dann vielleicht doch was Ernstes. Viel wichtiger jedoch ist: Was will ich eigentlich? Warum schreibe ich Marlo zurück? Ist das fair? Immer noch auf jemanden zu hoffen, der mich seit über einem Jahr verarscht? Bin ich mir selbst nichts wert, oder ist es mein Stolz, nicht aufzugeben? Will ich ihn einfach auch einmal in der Hand haben, um ihn dann fallen zu lassen, so wie er mich fallen lässt? Werde ich das jemals erreichen? Bin nicht am Ende doch wieder ich die, die verletzt wird? Ist es nicht unfair, meine Zeit mit Marlo zu vergolden, wenn ich mir nicht einmal über meine Gefühle zu Michael im Klaren bin? Steht da nicht schon mehr auf dem Spiel? Ein Spiel mit dem Feuer, das ich nur verlieren kann? Und am Ende bleibt gar nichts übrig. Geht es nur darum, dem anderen etwas heimzuzahlen, dann habe ich in letzter Zeit nicht viel gelernt aus meinen Fehlern. Dann bin ich nicht besser als Marlo. Ich muss ihn endlich gehen lassen. Besser jetzt darüber hinwegkommen, als noch Jahre dran zu knabbern.

5. Januar 2014

Lia: Hallo Marlo, für mich hat sich das Treffen erledigt, und auch alle weiteren Treffen.
Marlo: Warum?
Lia: Ich bin glücklich und will es auch bleiben. Bitte melde dich nicht mehr.
Marlo: Also keine Affäre. Schade, aber wie du willst.
Lia: Auf Wiedersehen, Marlo, oder besser gesagt: Leb wohl.
Marlo: Dann viel Glück.

Es ging ihm also doch hauptsächlich um seine Affäre. War jemals Ernsthaftigkeit hinter seinen Worten? Nahm er überhaupt Anteil an meinem Leben, oder war es reine Belustigung? Ich werde es wohl nie erfahren. Komischerweise ist es mir auch nicht mehr wichtig, und selbst der Abschied ist annehmbar. Ich kann es akzeptieren. Irgendwie ist es sogar eine Erlösung. Der Weg ist frei. Aber wohin soll ich gehen? „Endlich, Lia. Das wurde auch Zeit, dass du diesem Marlo einen Riegel vorschiebst. Das war doch ein Riesenarschloch." „Ja, aber was, wenn er reich ist?" „Auch dann musst du dich nicht so behandeln lassen." „Verstehe, das waren genau meine Worte, aber vor einigen Wochen hast du noch ganz anders geredet." „Ich weiß schon, Lia, aber ganz ehrlich: Ich glaube, du solltest das mit Michael überdenken. Du magst ihn wirklich sehr, das merkt man einfach. Vielleicht könnt ihr nochmals darüber reden. Nicht jede Unstimmigkeit muss gleich das Ende bedeuten." „Ja, manchmal sollte man einfach nicht zu viel nachdenken. Wenn es sich richtig anfühlt, dann wird es auch richtig sein."

Ich habe alle Zeit der Welt, herauszufinden, ob es sich richtig anfühlt. Und ich will es herausfinden. Jeder hat eine zweite Chance verdient.

28. Februar 2014

Lia: Warum gibt es eigentlich keine Flatrate für die Liebe?

Michael: Weil die Liebe ein Geschenk ist und kein Konsumgut. Jeder Mensch, der sie erleben darf, kann sich sehr glücklich schätzen. Und ich bin einer der Glücklichen. Ich liebe dich!

Lia: Dito!

Zur Person

Die Autorin Stefanie Götzinger steht mit beiden Beinen im Leben und zeigt in ihrem ersten Buch auf realistische und humorvolle Weise viel Verständnis für Gefühle, Erwartungen und das Unerreichbare. Verpackt in heitere Alltagssituationen, in denen natürlich auch die neuen Medien eine wichtige Rolle spielen, verdeutlicht sie in ihrem ersten Werk auf lebensnahe Weise Themen wie die zwischenmenschliche Kommunikationsproblematik, fehlendes Selbstwertgefühl und Trennungsschmerz.

Missverständnisse und Enttäuschungen aber auch neue Sichtweisen sind dabei vorprogrammiert. Mit viel Einfühlungsvermögen gibt die weit gereiste Pädagogin, die bereits in vielen Ländern und Städten wie New York, Portugal oder Österreich lebte, dabei Hoffnung, denn alles hat seine Zeit und vergeht – wie die Autorin aus eigener Erfahrung weiß.

Mit „Sinnvoller Zeitverlust" greift Stefanie Götzinger all jene Themen auf, mit denen fast jeder Mann und jede Frau einmal schmerzliche Erfahrungen machen musste. Trennungsschmerz, Kommunikationsprobleme, fehlendes Selbstwertgefühl und vor allem die „Mann-Frau-Problematik" lassen den einen oder anderen in ein tiefes Loch fallen, doch auch wieder aufstehen, um sich neu zu erfinden.

Die junge Mutter lebt mit ihrer Familie im schönen Rupertiwinkel und absolviert neben ihrem Beruf als Autorin und Pädagogin ein Masterstudium im Sozialbereich. Auf realistische und humorvolle Weise zeigt sie viel Verständnis für Gefühle, Erwartungen und das Unerreichbare.

DANKE

Ein ganz besonderer Dank gilt meinen Eltern
und meiner Familie, die immer für mich
da sind und stets ein offenes Ohr haben.

Auch allen anderen lieben Menschen will ich danken
für ihre Unterstützung.
Sie wissen, wer gemeint ist.

Vielen Dank.